CAMBRIDGE LIBR

Books of enduri

Classics

From the Renaissance to the nineteenth century, Latin and Greek were
compulsory subjects in almost all European universities, and most early
modern scholars published their research and conducted international
correspondence in Latin. Latin had continued in use in Western Europe long
after the fall of the Roman empire as the lingua franca of the educated classes
and of law, diplomacy, religion and university teaching. The flight of Greek
scholars to the West after the fall of Constantinople in 1453 gave impetus
to the study of ancient Greek literature and the Greek New Testament.
Eventually, just as nineteenth-century reforms of university curricula were
beginning to erode this ascendancy, developments in textual criticism and
linguistic analysis, and new ways of studying ancient societies, especially
archaeology, led to renewed enthusiasm for the Classics. This collection
offers works of criticism, interpretation and synthesis by the outstanding
scholars of the nineteenth century.

Key to Arnold's Latin Prose Composition

Thomas K. Arnold's *Practical Introduction to Latin Prose Composition* was
first published in 1839, and was later edited and revised by George Granville
Bradley (1821-1903) of University College, Oxford. This graduated and
systematic approach to elements of Latin grammar and syntax has been the
reference of choice for both teachers and students ever since, and has been
revised, updated and redesigned several times. The book reissued here is
a companion volume, first published by Bradley in 1881, which contains
answers to all the exercises in Arnold's classic textbook. Long out of print, the
Key provides model Latin solutions to all the exercises, as well as pedagogical
footnotes and cross-references. A valuable resource for all instructors who
use *Bradley's Arnold*, it will also be helpful to students wishing to write more
accurately in Latin.

Key to Arnold's Latin Prose Composition

EDITED BY GEORGE GRANVILLE BRADLEY

CAMBRIDGE
UNIVERSITY PRESS

CAMBRIDGE UNIVERSITY PRESS

Cambridge, New York, Melbourne, Madrid, Cape Town, Singapore,
São Paolo, Delhi, Dubai, Tokyo

Published in the United States of America by Cambridge University Press, New York

www.cambridge.org
Information on this title: www.cambridge.org/9781108012355

© in this compilation Cambridge University Press 2010

This edition first published 1882
This digitally printed version 2010

ISBN 978-1-108-01235-5 Paperback

KEY TO

ARNOLD'S LATIN PROSE COMPOSITION

REVISED BY

G. G. BRADLEY.

KEY

ARNOLD'S LATIN PROSE

COMPOSITION

REVISED BY

GEORGE GRANVILLE BRADLEY, M.A.

MASTER OF UNIVERSITY COLLEGE, OXFORD, AND FORMERLY MASTER OF
MARLBOROUGH COLLEGE.

RIVINGTONS

WATERLOO PLACE, LONDON

KEY

ARNOLD'S LATIN PROSE COMPOSITION

REVISED BY G. G. BRADLEY.

EXERCISE 1.

1. Ego populi Romani suffragiis consul (7) sum factus, tibi
(5) ab (8, *a*) hostibus humani generis favetur. 2. Tres jam
dies (9, *a*) obsessum erat oppidum, quarto die expugnatum est.
3. Hos ad te (6) nuntios mense Januario misi. 4. Si tibi pare-
bitur, parcetur mihi. 5. Ager ille ab hostibus ferro et
igni vastatus érat. 6. Mihi invidetur, tu vero contemneris.
7. Favet fortuna fortibus (5), felicibus interdum invidet.
8. Quum ad urbem prima luce pervenisset (14) principes
arcessivit. 9. Tibi ego nunquam nocui, mihi vero semper
invidisti et amicos meos odisti. 10. Quo (Intr. 58), (*or* quibus *or* qua re) audito, (*or* quod cum audivisset,) tres horas
constitit, meridie vero rursus iter incepit. 11. Haec locutus
(14, *a*) porrectā dexterā viam ei (6, *and see* 243) monstravit.

Great care should be taken to correct and explain such mistakes in
this Exercise as violate the preceding rules. No advance should be
made till it can be done correctly, and the constructions explained.

Some attention should also be paid to the order, so far at all events
as to disallow mere English order. Attention might be called to the
inversion of the order in 4 and 7 (Intr. 107) ; to the juxtaposition
of *tibi* and *ego* in 9 (Intr. 106).

A

1. Difference between *inimicus* and *hostis?*   2. Why could not *nunc* be used ?—never used of past time.   4. Why future for *are* obeyed ?— loose *anticipative* sense of English future : I will come to-morrow if I *can ;* si *potero* (190).   7. Meaning of *felix ?*—not "happy" (*beatus*), but "lucky," "fortunate."   10. Place of *vero ?* (see Intr. 98.)

EXERCISE 2.

1. Omnium ego civium suffragiis rex factus sum (*or* totius *or* universi populi . . .).   2. Ad summos magistratus in civitate sua (*or* in patria) pervenit.   3. Urbium strepitum odi, rus mihi semper est gratissimum.   4. Hunc agrum majores nostri armis adepti sunt.   5. Totus tum orbis terrarum (*or* omnes tum gentes) populi Romani imperio parebat. 6. Diu is regnavit; regnum autem (541, *Obs.*) quod vi adeptus erat, cum summo civium emolumento obtinuit.   7. Orator fuit praeclarissimus, quem (Intr. 58), omnes maxime admirabantur (184).   8. Omnibus ille civibus carissimus fuit, semper enim omnia pro (6) republica et facere voluit et pati. 9. Vulnus mortiferum pro patria pugnans accepit.   10. Tandem conticuit, multa ac diu locutus erat.   11. Puer regnum excepit, rex ad summam gloriam pervenit.   12. Jam ab omni vi tutus erat, haudquaquam tamen ab Hannibale securus. 13. Ad patris ille gloriam nunquam pervenit, sed omnia quae turpia erant semper oderat.   14. Patriae interitum praedixit.

1. *Ego* may be inserted side by side with *omnium ;* it is not necessary, cf. **334,** iii. ; *natio* would be wrong (see on 6).   2. *Sua* emphatic (**11,** *c*) = " native ;" the word *patria* is more common in speeches and poetry than in plain narrative.   4. *Majores* (*sc.* natu) lit. " our elders," a metaphor for " ancestors ;" *patres* is never used as " fathers " in the Bible.   *Armis* better than *ferro*, which would be rather poetical here ; *ense* or *gladio* would mean " by a single sword."   6. *Is,* not necessary— would be used if the name had been given in the last sentence ; *ille* would be more emphatic ; " that king ;" why not *coronam* or *diadema ?* an Eastern metaphor which comes to us from the Bible ; *civium* best here for " the nation," as the people of whom the nation consisted are meant.   Why not *natio ?*—not used of a *civilised state.*   7. Why

not *famosus ?* Instances should be given of its use and meaning.
8. "Ready" here = "willing," rather than "prepared." 9. Why not
fatalis ? Give instances of its real meaning. 11. Explain this use of
puer, senex, etc. (see 63) = in boyhood, old age ; used as an adverbial
phrase of time. 12. Find instances of use of *securus ; ab,* "on the side
of," *a dextra,* etc. 13. *Ille* may be used as in sentence 6, side by side
with *patris.* Why not *vilia ?* Find its true meaning. 14. Why not
ruina ?—properly the *fall* of a building.

With words such as *securus, vilis, famosus, fatalis,* etc., it is well to
learn by heart some line or lines from Virgil or Horace that will fix
their true meaning on the memory.

EXERCISE 3.

1. Pacem omnes desiderabamus, bellum enim longum (*or*
diutĭnum) ac cruentum gesseramus. 2. Urbem tandem
octo jam menses obsessam dediderunt. 3. Pacem otiumque
optat, quae adepturus est nunquam. 4. Omnes (16, *b*) bellum
expectant, sed Di Immortales pacem nobis quam optamus
largientur. 5. Tum ad (6) amicos conversus frustra eos
suspicere conatus est. 6. Amicos circumspexit, sed omnes
eum, quos circumspiciebat, deseruerant. 7. Hostes, effusi
portis, militibus nostris immiscebantur. 8. Multitudo, quae
mane convenerat, ante meridiem dilapsa est. 9. Multa de
montibus volvebantur saxa, unusque e ducibus nostris ingenti
mole ictus mortiferum vulnus accepit. 10. Funesto illo die
te (ego, **334,** iii.) desideravi, sed ruri aberas. 11. Multitudo
maxima congregata erat, et jam exulum reditum expectabat.

1. We all = " all of us," which is never nostrûm *omnes,* but nos
omnes (if the pronoun is expressed, see **297**). *Ac,* how different from *et ?*
= "ay, and a bloody one" (page 14, *note*). *Cruentus,* why not *sanguineus?*
—*sanguis* denotes blood *within* the veins, etc., *cruor* blood as shed.
2. *Jam* often inserted in reckoning past time. 3. Why *que ?*—two
ideas form one whole (p. 14, *n.*). Note common meaning of part. in *rus ;*
likely or *destined to.* Place of *nunquam* (Intr. 92). 4. "Heaven," if out
of a modern speech, would be *Deus :* otherwise *Di,* as the Romans
believed in many Gods ; *coelum* is the sky. *Optamus,* properly "desire

much ;" not to be used if literal prayer, *entreaty*, is meant. 5. *Frustra*,
how different from *nequidquam ?* (see Vocab.)   6. Why imperfect in
second verb ?—was looking for ; *continuous* and *descriptive ; represents*
him as doing it ; does not merely say he did it (**183, 184**).   7. *Nostris*
alone would do; *nostri* often used for "our men."   8. The verb *icere*
not common except in participle. 10. Why not *fatalis ?* (destined by
fate) ; why not *abfuisti? aberas*, "you were *at that time*."   11. Why
not *vasta ?*—it never means merely "vast," but "desolate," or some
other meaning besides *size*.

EXERCISE 4.

1. Si tu exercitusque valetis, bene est.   2. Et ego et tu
multa bella pro patria gessimus.   3. Galli ante finem aestatis
a Caesare victi sunt.   4. Grex postero die incolumis rediit.
5. Nec tu hoc unquam nec frater tuus fecistis (*or* fecit).
6. Civium meorum magna pars eo tempore (*or* tum) exulabat.
7. Et ego et tu populi Romani suffragiis ac beneficio consules
facti sumus.   8. Ego civibus meis, tu Gallis pepercisti.
9. His constitutis rebus, tertio die domum rediit.   10. Clitus
ab Alexandro gladio interfectus est.   11. Multos tibi ac
patri tuo honores decrevit populus senatusque Romanus.
12. Hoc omnis nostri laboris praemium neque ego nec tu
expectaveramus.

1. Why *que ?*—they are looked on as forming a whole (p. 14, *note*).
2. Why *pro ?* (see **6.**) 3. Why *a* Caesare ? (**8.**)   4. Case of *die ?* (**9**), of
incolumis ? it is part of the predicate, *rediit* acting as in some degree a
link verb (Intr. 50).   5. Note that *fecisti* might be used, if placed near
tu (**29**).   6. *Eo tempore*, adverbial phrase (see Intr. 19).   Meaning of
imperfect tense—time contemporaneous with some *past* event (**183**).
7. Note, we might say "people of Rome ;" adjective always used in
such phrases in Latin (**58**) ; *Romae populus* would have no meaning,
or rather would mean "the people *at* Rome."   8. Translate, "I am
spared by my countrymen " (**6**).   9. How else might "having," etc.,
be translated ? (**14.**) 10. Explain the two ablatives. (**8.**) 11. *Ac*,
why ?—"not to you only, but to your father *also*."   The order of the
words gives emphasis to the quarter from which the honours came
(Intr. 91).

EXERCISE 5.

1. Multa se bella gessisse respondit, et jam pacem otiumque desiderare. 2. Peccasse se negat. 3. Et te et fratrem tuum valere respondit. 4. Hostem mox urbem oppugnaturum esse intellexit. 5. Negat Caesarem leges violaturum esse. 6. Locum tibi placere manifestum est. 7. *Same, with* fuit (erat). 8. Locum tibi placuisse manifestum fuit (erat). 9. Credidit Pompeius cives suos se esse secuturos omnes. 10. Negabant (negavere) milites se contra patriam atque leges arma sumpsisse. 11. Viros fortes laboribus exerceri memento. 12. Milites proximo se anno libenter oppidum oppugnaturos fuisse, sed jam otium sperare, responderunt. 13. Quum ad (in) castra rediisset, se hostium aciem praetervectum esse et eorum ducem convenisse dixit.

Pains should be taken to point out the peculiar idiom of Latin in never using a conjunction after *verba sentiendi,* etc. The difference between this and English, French, German, and even Greek, may be pointed out, as also between classical and later Latin, such as the Vulgate, where *quod,* and even *quia* and *quoniam,* are used for "that." "*Amen dico vobis* quia *unus e vobis me traditurus est.*"

1. "Now," why not *nunc?* "Sigh for," note metaphor (17). 3. Why not *valuisse?* Great care should be taken to explain this tense, as also *placere* in 7, etc. (see 35, and 193, i.). 4. *Hostem,* pl. would be equally good. Difference between *oppugno* and *obsideo?*—both instances of 24. *Intellexit,* not *percepit;* other instances (19) might be asked for. 5. "Break," metaphor so common *in English* that we forget it is a metaphor; *rumpere* much rarer in Latin. 6. *Tibi,* explain dative (see 5). 7. "Was," difference between *fuit* and *erat?*—*fuit* simple fact; *erat* "was *at that time*" (183). 8. *Placuisse,* explain tense; perhaps it no longer pleased them (see 35). 9. Note order: P.'s *belief* is emphasised, as also is *omnes* (Intr.).   Why *se?* what would *eum* (another person already mentioned) or *illum* (that other person) mean ? 10. *Negabant,* either "were at that time denying," or "kept denying ;" *negavere* simply "denied." The English may mean either according to the context; "their " need not be expressed (11, *c*). 11. Why not *a* laboribus ? (8.)   *Viros:* difference between *vir* and *homo?*—"man "

v. "human being" (p. 153, *note* 3). 12. *Proximo,* case? (9), literal meaning?—"nearest," sometimes used for *next following.* "Would have" (see 36). What would *esse* mean? *Sperare,* why "for" omitted? (23); explain tense. 13. "Having," etc., why not *reditus?* (see 14 and 416.) Why not *castris?* (6.) Difference between *ad* and *in?* (331, 1 and 24); cases governed by *in?* (330.) *Praetervectum* sc. *equo,* sometimes "to sail past," sc. *nave;* "their," why not *suum?* (11, *e*); *convenisse* (24).

EXERCISE 6.

1. Solon se insanire simulavit. 2. Simulabo, inquit, me insanire. 3. Se Londinum brevi esse venturum pollicitus est. 4. Te ex sententia esse navigaturum spero. 5. Regnum se mox adepturum esse sperat. 6. Simulabat se furere. 7. Caesar se agrum nostrum ferro et igni esse vastaturum minatus est. 8. Respondit se ex sententia navigasse. 9. Vi se rem esse confecturum juravit. 10. Negat se ante diem quintum domum (9, *b*) esse rediturum. 11. Respondit se sororem suam nondum vidisse, sed sperare et eam et virum ejus domi inventurum esse. 12. Speravit exercitus fore jam ut hostium ager ferro et igni vastaretur. 13. Ad summos se honores brevi perventurum esse sperat, quos credo eum consecuturum esse nunquam. 14. Populum tuum (*or* cives tuos) a crudeli hoste tamdiu vexatum libertatem suam armis vindicasse gaudeo. 15. Sororem, inquit, meam nondum vidi, sed et eam et virum ejus domi me inventurum esse spero.

1. *Furere* would mean "in a frenzy of madness;" *insanire,* "of unsound mind." What difference would *simulabat* make?—"was pretending *at that time.*" 4. "Have a voyage," a single verb in Latin (see 25); importance of this should be enforced. 5. What three bad mistakes would *obtinēre coronam* involve? (see 37, 17, and 18.) 11. No occasion to repeat the *se* from the first clause. 14. Why would *natio* be wrong?—it answers rather to our "clan" or "tribe," a society of the same race, a division of the same *gens;* not applied to an organised and civilised community. You would never see *natio Romana* (Ex. 2. 6). Why not *oppressum?—opprimo* always something

sudden; " overwhelm," " surprise," " crush " (see Latin Dict.). *Armis,*
metaphor ; *gladio* never so used. 15. Pains should be taken to enforce
this use of *inquit ; dicit,* and *ait,* etc., should never be allowed with
oratio recta ; nor *inquit* with *oratio obliqua* (see **514,** ii.).

EXERCISE 7.

1. Malo promissis stare (fidem praestare) quam omnium
hominum (**16,** *b*) (unus) esse divitissimus. 2. Molestus tibi
esse incipio. 3. Desinite ergo timidi (*or* ignavi) esse, et boni
cives fieri incipite. 4. Romam (**9,** *b*) statim redire et bonus
civis fieri statuit. 5. Videtur Rex fieri noluisse et privatus
esse maluisse. 6. (Ab) omni te culpa (**264**) judicum sententiis liberatum esse dicunt. Quum magistratum petere decre-
vissem, domum redire et suffragia vestra poscere ausus sum.
8. Liberi mori malumus quam servi vivere. 9. Tradunt eum
delatum a civitate et principibus regnum accipere noluisse.
10. Diem jam fatalem adesse apparebat; oppidani vero vel
desperare vel se dedere (**21,** *b*) nolebant (*or* neque tamen
vel . . . vel volebant). 11. Se vel fidem fefellisse vel cives
decepisse negavit. 12. Decrevit senatus ut legati ad Pyrrhum
mitterentur.

1. *Promissa* is used as a neuter substantive, just as *privatus* and
oppidanus for masc. substantives (**5** and **10**) ; for "promises," "things pro-
mised" (**51,** *b*). There is no passive to *polliceor. Fidem praestare,* "to keep
my word," is equally common. "Richest," the superlative is often made
more emphatic by the addition of *unus* (**529,** *d*). 3. *Cesso* is "I hang
back," " am idle ; " quote instances. "Patriot," no single word : sometimes *patriae,* or *reipublicae, studiosus.* There are many expressions.
6. "Verdict " is pl. in Latin ; because many jurymen each gave a *sententia ;* in such cases Latin often uses a plural where we use a singular.
Thus "the *friendship* of many men," *multorum hominum* amicitiae.
7. "Candidate " as a substantive is part. of *candidatus* (**51,** *a*) ; it is here
a verbal phrase (see **25**). 8. " Would " is not here the sign of the
potential mood ; but expresses desire or preference. 9. " Refuse " is
generally, not always, to be expressed by *nolo,* very seldom by *recuso,*

which means rather "I protest against" (see **136**, *a*). "Tradition" might be *fama ;* but better to turn either as above, or by *traditur* personally, or *memoriae proditum est* impersonally, as in **46**, *a.* 10. *Fatalis* is not "fatal," but "fated," and may be used in either a good or bad sense. Difference between *vel . . . vel ; aut . . . aut ?*—*vel* distinguishes the two less sharply, "whichever you like to name" (Intr. p. 14, *note*). 11. "Broken," metaphor ; *rupisse* would be absurd in Latin.

EXERCISE 8, A.

1. Bonos se sapientesque unquam (e) civitate pulsurum esse negavit (*or* in exsilium (ex)pulsurum, exacturum, ejecturum). 2. Omnes multa ignoramus. 3. Virtutem ignaviamque inter se contrari*as* (or *a*, **48**, *c*) esse dixit. 4. Non a (**8**, *a*) Dictatore ipso, sed senatus-consulto laudabili tecum (**8**, *Obs.*) civitate pulsus fuisse videtur. 5. Ab optimatibus desciscere et ad populares se adjungere statuit. 6. Temeritatem et inconstantiam laudand-*as* esse (*or* -a) negavit. 7. Adolescens fuit optimus, et amicus mihi fidelissimus ; multa mecum illo die de rebus futuris collocutus est. 8. Cum Romam rediisset, omnia pro patre suo se acturum esse pollicitus est. 9. Exercitus ab Hannibale per multos atque invios saltus, trans multa ac latissima flumina, multos ac praealtos montes paludesque pestilentissimas in hostium fines traductus est. 10. Vix negare audebis honesta interdum cum utilitate pugnare. 11. Majores tuos multa ac praeclara ausos esse scio. 12. Multa pollicetur, minatur multa ; sed perpauca eum effecturum esse credo.

The rules for these Exercises are unusually numerous, and pains should be taken to master them.

1. Notice how often *se* (and other monosyllabic words whose position can be as easily varied) is inserted between two words, which would naturally come together. *Civitate:* the preposition is generally omitted in this phrase ; the ablative alone is sufficient (**264**). 2. *Ignoro* is a transitive verb, and includes four parts of speech, English "I am ignorant of " (**25**). 3. *Virtus* is used in this sense even in prose. Cf. the

Greek ἀρετή, the word *vir ; fortitudo* would be equally good ; *ignavia*, properly "slothfulness," but often used thus.   4. Why not *videtur* and *pulsum?* (see **43.**)   Why not *apparet?* (**46**, *c.*)   Why *a* ("by") in one case and not in the other? (**8.**)   5. Note inf. with *statuit* (see **45**); "join," what would *populares jungere* mean? (cf. **20, 21.**)   6. *Laudanda* would do also ; more common when genders are different (see **48**, *b, c*).   7. Note superlative, why *rebus futuris?* (see **52**); "had conversation" (see **25**).   8. "Having returned," why this construction? (see **14.**) Why *Romam?* (see **9**, *b.*)   9. Notice carefully the rule as to *multi* (**56**) ; also different meanings of "country" (**16**, *a*).   10. *Honestatem* might be used for *honesta ;* but why not *utilibus* for *utilitate?* might be *masc.* (see **52**).   11. What would *patres* mean ?—"the last generation" (**51**, *n*, and note above, Ex. 2. 4).   Why may "enterprises" be omitted? (see **52** and **54.**)   12. For place of *minatur* see Intr. 107.

EXERCISE 8, B.

13. Tu (**11**, *b*), inquit (**40**), de rebus (**52**) praeteritis cogitabas, ego futura praedicere conabar ; jam et me et te errasse intellego.   14. Se ab his fratribus, inimicissimis suis (or *sibi* in.), regno ac patria (ex)pulsum narrat, iniquissimis eos edictis et decretis omnes bonos cives (*or* optimum quemque, *see* **375**) omnes sapientes (*or* sapientissimum quemque) insectari ; nullius bonis aut famae parci, divites juxta ac pauperes vexari.   15. Multa ab avo tuo praeclarissime (*or* gravissime) dicta perscripturum me spero (*or* multa avi tui et praeclarissima dicta, *see* **55**).   16. Haec, inquit, majores nostri sequebantur (**184**), haec sperabant, haec posteris tradiderunt (**187**).   17. Multa ab eo praeclare facta esse constat (*or* multa *ejus* ac *praeclara fuisse* facta constat).   18. Te pauca locutum esse, multa cogitasse gaudeo (**487**, *Obs.*).   19. Permultae naves onerariae multis maximisque tempestatibus proxima hieme vel quassatae demersaeque vel in terram ejectae esse dicuntur (*or* permultas . . . dicunt, *see* **43, 44**).

Jam is "*by*," *nunc* "*at*, this time ; " "now" often expresses either. Avoid using *percipio* for "I perceive ; " use either *intellego, sentio,* or *video.*

EXERCISE 9.

1. Rerum alienarum procurationem semper esse molestissimam (*or* -um, **48**, *d*) dixit. 2. In hoc omnium pavore primus se recepit frater tuus. 3. Legibus, inquit, juvenis parebam (**184**), non violabo senex. 4. Primus haec (**54**) ausus sum, omittam ultimus. 5. Hunc nos poetam vivum negleximus, mortuum funere publico, sepulcro marmoreo, multis ac pulcherrimis monumentis omni denique (**534**, *Obs.*) honore ornamus. 6. Rex quum primus ad summum montem pervenisset, campos amoenissimos oculis subjectos tacitus despexit. 7. Ad suos conversus ·villam monstravit ubi puer natus educatusque erat ; sero, inquit, mea se fortuna mutavit (*or* mutata est). 8. Exercitui se Romano victum vestitumque suppeditaturum esse pollicitus est. 9. Totum hoc edictum tacitus perlegi, insanire mihi visus est qui id scripsit, scriptumque fixit. 10. Omnium sententiis absolutus domum incolumis rediit ; proximo anno (*or* insequente anno) ad summos in civitate honores omnium consensu pervenit. 11. Milites quum frequentes convenissent contionem ejus taciti audiverunt. 12. Totum me fidei tuae ac bonitati permitto.

1. Explain that *alienus* is "another man's," and is not to be used, as it often is, for *peregrinus*, "a foreigner," or *exte-rus*, *-rnus*, "foreign." 2. Force of *re* in *recipio?* 3. Why not *legi?*—that would mean rather *a* law, some particular law, not "law" in its general sense. Latin does not express "abstract ideas" by singular nouns so easily as English. "Break," why not *frango*, or *rumpo?*—too metaphorical. 4. *Omitto* is not "I omit," as by accident ; but I *purposely* "let go." 6. "Reach," beware of *attingo, attineo*, etc. "Fair," *amoenus* is used in this sense of beautiful *scenery:* you must not apply it to a person, or a painting. *oculis*, note on 3. 8. "Supply with ;" compare "I threaten *you with* death," mortem tibi *denuntio*, etc. (see **247**). 9. *Fixit:* the subj. *scripserit, fixerit,* would be admissible here as virtual *oratio obliqua* (**448**), but is not necessary. 11. "Speech ;" *contio* is always a speech

addressed to *soldiers*, or to the *people;* never used for a speech in the Senate or in a law-court (*oratio*). 12. Notice this use of *permitto*, "cui rex deorum," etc., Horace, *Odes*, iv. 4. 3. Sometimes *in fidem* is used ; beware of such Latin as *permitto te hoc facere*. *Bonitas* is never "goodness" in the sense of "virtue," always "kindness ;" cf. French *bonté*.

Attention also may be called in 5 to the readiness with which we use the same English word as a subst. or adj. according to its position : *State* funeral, *marble* tomb ; so *iron* age, *chestnut* horse.

EXERCISE 10.

1. Qui heri tecum consentiebant, ii hodie toti dissentiunt. 2. Qui servire mavult cum divitiis quam cum paupertate liber esse, eum et ego et tu (pariter) despicimus. 3. Scimus eum de quo haec omnia nobis narravisti ad summos se magistratus, maximos ad honores, perventurum esse expectare ; quos equidem illum nunquam adepturum spero ; hominem enim novi. 4. Qui juveni tibi saepissime adversatus sum, is seni tibi atque inopi libens subveniam. 5. Pedites ad te quos habui optimos fortissimosque misi, quos tu quum remissurum te pollicitus esses invitus fidem praestitisti. 6. Qui adstabant se sequi jussit; illi vero obviam venientium clamore perterriti, primum constitere, deinde (*or* tum) diversi fugere. 7. Quam petebas adest mulier ; quam (78) ego auditam (15) dimittam. 8. Optima tu instituta atque leges contempsisti, quae res hodie tibi exitio erit. 9. Quae puer parvi faciebam, ea senex maximi aestimo. 10. Qui tibi tum ultimus subveni, is cras primus me tibi (*or* ad te) adjungam.

1. Tense of *consentiebant?*—were agreeing with you, continuous time (**183**). 2. Explain case of *liber?* (**42**, ii.) Why would *unum* be wrong for *eum ?*—would mean "*the* one," "the only one." Why not *et tu et ego ?* (**26**, *note*.) 3. *Scimus* might come after *expectare ;* but is put first, as in Intr. 90. "Story" is very rarely expressed by "*fabula*," which means a fictitious story, or a drama. *Vir* is used in a good sense, never contemptuously ; *scio* never used of being acquainted with a *person ;* the present *nosco* of *novi* not used in prose ; *cognosco* is not

"I know," but "I ascertain," or "learn." 4. "Repeatedly," or "again and again : " why not *iterum iterumque—iterum* means only " a second time " (533, *c*). " Opposed," why not *opposui*—transitive verb, " put (something) in your way." 6. Beware of *eos adstantes* (74). It would mean, "them (some people already mentioned), while standing near." *Se: eum* of course would be right if the English meant a different person already named. *Illi* inserted, as fresh subject to the verb is introduced ; *illi* often "the other party" in a narrative ; *clamoribus* would do equally well. 7. *Mulier* not necessary (see 50). 8. *Tu* often inserted where strong blame is expressed. *One like you,* opposed to *optima.* The adjective might be placed after *leges* only, *optimas ;* or else *optima instituta, leges optimas.* For dative *exitio* see 259. 9. *Parvi,* gen. of price (see 305), so *maximi,* etc. 10. " I join; " be careful of the use of this word when used in the sense of " I join myself to," as it is always either used with *se,* or in the passive (see 20).

EXERCISE 11.

1. Ei qui regem veneno interfecisset (*or* absumpsisset, *or* intercepisset) obviam se factum esse simulavit. 2. Nemo est quin sciat eum qui agrum suum non colat frustra messem expectaturum esse. 3. Exules ad eos se locos, unde majores sui orti essent, pervenisse crediderunt. 4. Hanc calamitatem a patria me prohibiturum esse spero: quamobrem quidvis audere ac perpeti volo. 5. In Remorum fines copias se suas ducturum esse pollicitus est, quos brevi fore ut ad fidem revocaret. 6. Quibus auditis, ea quae vera essent legatos loqui, et crescere periculum intellexit. 7. Negavit se unquam honestati utilitatem praeposuisse, quamobrem socios, quibus se subventurum esse pollicitus esset, nunquam deserturum (*or* sociis . . . defuturum). 8. Qua re cognita multitudinem, quae circa domum regiam congregata esset (erat, 449), dissipaturum se pollicitus est. 9. Non emolumenti, sed amicitiae, causa omnes libros quos frater ejus reliquisset mihi se dedisse simulavit. 10. Amicos, quos tu circumspiceres, tutos esse omnes dixit, quamobrem se quidem securum esse.

11. Gloriam, qui virtutis verae fructus est honestissimus, repudiare se simulat. 12. Nemo est quin sciat circa tellurem lunam moveri.

1. No one word like our "meet;" sometimes *occurro*, "I run up to," or "come across." 3. "*The* locality;" *is* often answers to the definite article, which is only a shortened demonstrative (348). "Forefathers:" why not *patres?*—would mean in prose "their fathers," "the last generation" (p. 63, *n.*). "Anything," *quidvis*, anything you choose, *i.e.* all things, almost = *omnia* (see 359). 5. Why is *copias* or *milites* better than *exercitum?* Because the latter would be *ambiguous* (see 52), might be either subject or object to *ducturum.* Always avoid constructions like the oracle, "*aio* te, *Aeacida*, Romanos *vincere posse*," which had a double meaning (216, *Obs.*). 6. "The truth:" *vera* alone, "true things," would do. *Crescere*, why not *augere?* (21, *c.*) 7. The *abstract substantives* (Intr. 29, *d*) here are better than the adjective, because *utilibus* might mean "useful *persons*" (51, *c*, and 52.) 8. Break up, "gather," read carefully 20, 21. 9. For *simulavit, dictitavit* might be used. "Alleged as a fact;" *dictito* and *fingo* often mean "pretend" in this sense. 10. "For whom:" why not *quibus*, or *pro quibus?* (see 22, 23.) *Securus* is always "*feeling* safe:" "free from care" (*se = sine*), hence it does not mean the same as our "secure," which often = "safe." 12. "All the world,"—what would *totus mundus* mean? (16, *b.*)

Great stress should be laid on the use of the subjunctive as explained in 77, and exemplified in this Exercise. It should be carefully noticed in reading any Latin author; 449 may also be at once referred to.

EXERCISE 12, A.

1. Hoc idem est quod (*or* atque, 90) illud. 2. Talis es qualem te esse semper credidi. 3. Nemo est quin sciat praeterita mutari non posse. 4. Tanti (86) erant fluctus quantos antea videram nunquam. 5. Ibi (93) vita excessit ubi puer vixerat. 6. Primus se mihi auxilio fore (259), (*or* opem laturum, *or* subventurum esse) pollicitus est. 7. Servum quem fidelissimum mecum habeo, mittam. 8. Nemo est quin sciat Gallos a Caesare victos esse. 9. Insula mari, quem vos (*emphatic*) Oceanum vocatis, circumfunditur. 10. Galli iidem sunt hodie

qui semper fuere. 11. Primus esse Deos negavit. 12. Ultimus ad Italiam perveni. 13. Utilitatem et honestatem interdum inter se (354) pugnare nemo est quin sciat. 14. Et
primum eum post hominum memoriam tam nefarium scelus
admisisse credo, et spero ultimum ejusmodi quidquam ausurum
esse.

Also—2. Dixit te *talem esse* qualem te esse semper *credidisset.*
4. Dixit tantos fuisse (*when he saw them at a former time*) . . . *vidis-*
set. 7. Dixit, *or*, pollicitus est, se . . . secum *haberet*, missurum.
10. Gallos eosdem esse . . . (*fuerint* (525), *or*) fuissent.

3. *Nemo est quin; omnes*, or *omnes homines, sciunt*, would express the
same idea (see 16). 5. *Mortuus* is generally used as an adjective;
hence the substitution of the words given in Vocab. 7. 6. *Subvenire*
is used of helping a person in distress, the other phrases are more
general. 9. Of course *circumfundor* could only be used for " surround"
in certain senses. It is also used of people " swarming round."
11. " Existence" is one of the many *abstract* terms which are not to
be found in Latin ; hence the inf. of *sum*, "I exist," must be used
(Intr. 49, *Obs.*). 13. Why not *honesta cum utilibus ?*—because *utilibus*
would be slightly ambiguous (51, *c*). 14. Why not *tale* or *tantum*
nefarium ? (see 88.) *Post hominum mem.*, one of the various ways of
avoiding the word *Historia*, which means History personified, or
looked on as a science.

Sentences 2, 4, 7, 10 should be done carefully in *oratio obliqua.*

Exercise 12, B.

1. Nemo est quin talem te esse fateatur, quales et pater
tuus et avus fuerint (*or* omnes . . . fatentur, *see* 16, *b*).
2. Exploratores, quum ad castra rediissent, hostes qui pridie
frequentes convenissent, jam dissipari et diversos dilabi
renuntiaverunt. 3. Negavit se viris tam bonis ac benignis,
qui sibi toties in rebus adversis subvenissent, unquam
defuturum esse. 4. Alia ego ac tu sequor, nec eadem quae
tu spero. 5. Se quidem eundem (*or* eum) esse qui semper
fuisset dixit, sed et civitatis statum et civium animos paula-
tim mutatos esse, regemque et nobiles ac totum populum

tantis jam objici periculis quanta nunquam antea experti essent. 6. Multae naves longae vi tempestatis quassatae demersaeque sunt; una navis oneraria eo unde profecta erat incolumis rediit.

1. Note this sense of "allow;" its use in older English?—"approve of." Why *sino* could not be used? *fuerint,* reason of mood? for qual*es* fuer*int,* qualis fuerit might be used closely with *pater* (see 27). 2. "Having returned:" attention should be called to 14. "Enemy" should be plural, as *frequens* and *diversus* would be awkward with a singular noun where the plural exists. "Stealing away," its true meaning? 3. *Desum* is better here than *desero;* as it governs a *dative* it causes no ambiguity (see Ex. 11. 5). Why not *talibus bonis?* (88.) Why *sibi?* (11, *e.*) 4. Read 54 carefully. 5. Attend carefully to the moods of *fuisset,* and *experti essent:* also to the voice of *mutari;* and to *tantis* before *periculis;* also to *jam* instead of *nunc.* 6. Why not *multae et longae naves?* (see 56.)

EXERCISE 13.

1. Liberos suos laudari semper est jucundissimum parentibus. 2. Fidem fallere turpissimum esse dixit, promissis stare semper honestissimum. 3. Et tu et frater tuus multa mentiti estis (*or, see* 27); mentiri semper est turpissimum. 4. Aliud (92) est laudari, aliud laudem meruisse (*or* laude dignum fuisse). 5. A malis civibus (*or* ab improbis) laudari mihi fere idem est quod a bonis vituperari. 6. Aliud est, inquit, habere gratiam, aliud gratias agere. 7. Cunctari, quod in omnibus rebus periculosum esset (77), in bello perniciosissimum esse dixit. 8. Improbis ignoscere idem fere est quod innocentes condemnare. 9. In gratiam referendo (99) cunctari nunquam est laudabile; equidem (*or* ego) referre gratiam quam debere malo. 10. Aliud est beate vivere; aliud felicem esse ac rebus prosperis (*or* prospera fortuna) uti (*or* florere). 11. Fortiter pugnare, idem, inquit, hodie erit ac vincere; vincendo patriam liberabimus.

1. It is well to emphasise the relation between *liberos* and *parentibus* by placing them at the two ends of the sentence (see Intr. 91). 5. When "bad" and "good" are used in a *political* sense, the former is generally represented by *improbi* as opposed to *boni*, or *optimus quisque* (p. 243, *n.* 2). 6. These phrases, as given in **98**, should be carefully remembered.

EXERCISE 14.

1. Ne in exilium pellar insanire me simulabo. 2. Cujus (**78**) sceleris ne poenas daretis, (*or* detis, *see* **105** *and note*) multa et tu et frater tuus mentiti estis. 3. Ut clementiae laudem adipisceretur (*see* Intr. 103, 104) improbis veniam dedisse dicitur. 4. Ut flagitiis suis ignosceretur (**5**) optimis civibus victor pepercit. 5. Cives tuos saepissime praesentes laudavit ut ipse ab illis absens (**61**) laudaretur. 6. Dicunt hostem cras hic magno cum exercitu ad urbem nostram obsidendam (*or* oppugnandam) adfore. 7. Ne absens condemnaretur, Romam (**9,** *b*) ire contendit. 8. Quo (**102**) junior quam revera erat videretur, multa mentitus esse dicitur. 9. Domum redire velle consulatus petendi causa videtur. 10. Ne fratri displiceret, neu haeredi legitimo noceret, regnum accipere noluisse traditur (*or* tradunt *with the accusative, or* memoriae proditum est). 11. Ut studium suum fidemque declararet, senex Romam ire contendit, et primus omnium regem novum salutavit.

7 and 10. Note the modal use (**42**) of *contendo;* it is very common in Caesar.

EXERCISE 15.

1. Tam honeste, inquit, vixi ut (e) vita aequo animo excedam. 2. Tam honeste se vixisse dixit, ut aequo animo vita excederet (*or* excedere posset). 3. Ita, inquit, vivere conabor, ut aequo animo vita possim excedere. 4. Ita se vixisse dixit ut aequo animo posset vita excedere. 5. Tam

subitus fuit hostium impetus (*or, better,* tam subito invasere hostes) ut nemo (**109**) aut arma aut ordinem suum posset reperire. 6. Tum hostes, ne quis (**109**) nostrum vel arma vel ordinem suum reperire posset, subito impetum fecere. 7. Tum ille, ut vitam suam servaret, multa mentiri incepit. 8. Tam multa ille mentitus est ut nemo ei tum crederet (**113**), nec quisquam (**110**) postea unquam crediderit (**112**) (*or* fidem habuerit). 9. Tam bonus fuit rex ut cives eum vivum amarent, desiderarent mortuum, nomen ejus hodie memoriamque gratissimis animis prosequantur, nec unquam virtutum ejus sint oblituri. 10. Tanti erant fluctus ut navi toti infunderentur, et talis fuit tempestas qualem nunquam antea videram. 11. Tam acriter (adeo ferociter) invasere equites ut, nisi nox certamini intervenisset, hostes terga fuerint (**115**) daturi. 12. Non potes, inquit, patriae (*or* r. p.) nocere ut non (*or* quin) tibi ipsi rebusque tuis damnum inferas ac perniciem. 13. Haec eo consilio dixi ut tibi tuisque prodessem ; sed eo res evasit, ut tibi, cui prodesse volui, nociturus sim, et eis sim profuturus quibus nocere volui. 14. Adeo ne justo quidem (Intr. 90) dolori indulsit, ut iis quoque qui patrem suum occiderant ignoverit.

1. Notice that *tam* is never used with a verb. After *excedo* and many verbs compounded with *ex, e,* the preposition is sometimes used, sometimes omitted. 1-4. Notice carefully and explain the sequence of tenses. 5. Difference between *aut* and *vel ?* (p. 14, *note*), between *invenire* (which might mean to find by chance, without effort), and *reperire ?* 5 and 6. Note the difference in order ; final clause often coming first, consecutive rarely (see Intr. 103-105). Note also difference between *ut nemo* and *ne quis.* 7. *Suus* is necessary here to avoid ambiguity (**11**, *c*). 8. *Tam multa,* why not *tot ?*—because the gender of *tot* is ambiguous (see **52**). 9. "Subjects," beware of such words as *subjecti* = "people violently subdued ;" what does *cives* really mean ? The Romans, being averse to all kingly government, had no word quite like our " subjects." *Amarent* is imperf. because it denotes *continuous* time ; *amaverint* would either mean simply "loved" as a single fact, or "have loved." *Hodie* might be placed by the verb, but this order

B

makes it and *memoriam* more emphatic.   *Prosequantur,* real meaning of
the word?—"attend on," "escort."   *Animis,* not *cordibus; cor* would mean
"heart" literally; for "heart" as used for the seat of the affections,
cor is only used in poetry.   10. *Erant,* imperf., as *describing* them (183),
fuit as merely stating the fact.   Note carefully the difference of moods
between *infunderentur* and *videram.*   It should be thoroughly explained,
and the examples in **84, 85, 86** compared with those in **106, 7, 8,** etc.,
so also double sense of "dash over" (**20, 21**), here passive, or *middle.*
11. *Ferociter* never means "ferociously," but "with spirit."   12. *Ac*
(Intr. p. 14, *note*), the order given adds great force to the idea of *ruin*
(see Intr. 93 and 91).   13. Note how *eo consilio* prevents any real
ambiguity arising from double force of *ut* (**107**).   *Eo,* lit. "thither ;"
evadit often used of "turning out" differently from one's expectations.

EXERCISE 16, A.

1. Quod ne faceret oravi, sed ut patri suo crederet admonui.
2. Milites ne propter recentem casum animos demitterent
hortatus est.   3. Id egit ne cui (**109**) civium noceret, sed ut
toti reipublicae consuleret.   4. Militibus imperavit ut se ad
pugnandum pararent, et ut fortiter pugnarent hortatus est.
5. Decrevit senatus ut consules delectum haberent.   6. Fratrem
tuum monere decrevi ne Romam ante noctem rediret.   7. Qui
(**78**) ne plura mentiretur, conticescere eum jussi (*or* Quem, *with*
eum *omitted*).   8. Quo die accidit ut consules delectum
habituri essent.   9. Ex quo impetravi ut victis parceret, neu
militibus permitteret ut feminas (mulieres) puerosque trucidarent.   10. Primus eum monui ne hominum mendacissimo ac
crudelissimo fidem haberet.   11. Accidit (**123,** *Obs.*) ut eo die
ego et tu ruri essemus, ex quo factum est ut hunc casum ultimi
audiverimus.   12. Negavit se unquam (illud, **341**) commissurum, ut socios se suos proditurum esse polliceretur.

EXERCISE 16, B.

1. Tum eos qui adstabant (**76**) oravit atque obsecravit ne eis
parerent qui et socios suos et se ipsos, ne levissimum caperent
ipsi (**355,** *Obs.* 1) damnum, vellent prodere.   2. Effecit tandem

ut Hispanis suaderet nullo modo fieri posse (122, *b*) ut ex urbe
undique ab hostibus obsessa incolumes excederent. 3. Negat
se unquam abs te petisse ut nocentibus ignosceres aut nocentes
condemnares. 4. Non committam, inquit, ut regem meum
post tam gravem casum ultimus salutem. 5. Judicibus tandem
persuasum est extra culpam esse fratrem meum ; sed nullo
modo iis persuaderi potuit ut sententiis eum suis absolverent ;
adeo multitudinem pertimescebant. 6. Absenti mihi nuntiatum est (46, *a*) captam esse urbem ; restat ut iisdem eam
artibus quibus amisi recipiam. 7. Regem illum tantum abest
ut laudem et admirer, ut mihi non suis modo civibus sed toti
hominum generi nocuisse videatur (*or* Regem illum adeo non
laudo . . . *etc.*). 8. Tantum abest ut omnia dixerim, ut totum
diem possim dicendo consumere ; sed nolo esse longus (42, ii.).
9. Nunquam antea mihi accidit ut amici absentis obliviscerer ;
quae res magno mihi hodie est solatio (259).

1. Note the substitution of two verbs for the English adverb, "he
begged, *nay* implored." 5. Note pl. *sententiis ;* we say by the *vote* or
verdict of a multitude, using the singular as an *abstract word*. Latin
is much poorer in abstract words than English, and often uses the
plural from a literal adherence to the fact that there were many
"opinions" or "votes" given. 9. *Obliviscerer*, to be forgetful *at some
given moment*, otherwise *oblitus sim.*

EXERCISE 17.

1. Nunquam eum aspexi quin ut vexatae (18, 19) afflictaeque
patriae subveniret, obsecrarem ; sed vereor ne preces meas
(*or* precantem, 415, *a*) nunquam sit auditurus. 2. Facere
(*or* temperare mihi) non possum (137, *j*) quin eos repre-
hendam qui infensissimis hostibus vitas nostras, immunitates,
jura, ac fortunas permittere (128) volebant. 3. Nemo est
quin te peccasse credat, et vereor ne nullo modo fieri possit
ut omnes homines in errore mecum consenserint. 4. Per me
stetisse dictitat, cives mei quominus optimi cujusque causae
se adjungerent. 5. Milites retineri non poterant quin in

mediam multitudinem tela conjicerent. 6. Nihil se praeter-
missurum (esse) pollicetur quin filio tuo persuadeat (122, *b*)
ne ex urbe rus avolet. 7. Minimum abfuit quin omnes inter-
ficeremur, hostium alii telis confossi, alii vel fame vel morbo
absumpti. 8. Negat quidquam sibi obstitisse quominus civium
libertatem atque jura defenderet. 9. Quae tandem (157, *Obs.*)
res tibi obstitit quominus et fidem praestares, et mihi, id
quod te facturum esse spoponderas, cum exercitu subvenires?
10. Non jam (328, *a*) igitur recusabo quominus rex fieri cupias;
sed id quod optas ut consequi possis vereor. 11. Quid causae
est quin ad eos locos senex redire velit, quos puer reliquit invitus? 12. Adeo Caesaris victoriam pertimuit ut vix retineri
posset quin mortem sibi conscisceret (253, ii.). 13. Facere
se non posse respondit quin terra marique bellum gereret.
14. Mihi, inquit, nuntiatum est ducem telo percussum esse,
et vereor ne mortiferum vulnus acceperit. 15. Nec vereri se,
respondit, ut ad Italiam pervenire tuti possemus; illud (341)
esse periculum ne nunquam inde redituri essemus.

4. *Adjunxerint* would be also good Latin, but would denote the mere
fact; "*adjungerent*," "joining at that time." 8. *Quidquam*, always
used in negative, or virtually negative, clauses (358). *Aliquid* would be
wrong (360).   9. The doubled *et . . . et* is much commoner in Latin
than "both . . . and" in English. 15. "Afraid of being able to," an
occasional loosely used English phrase = afraid that we shall *not* be able.

EXERCISE 18.

1. Ne igitur tantae huic occasioni defueris, sed potius
sempiternos reipublicae nostrae hostes te duce (424) opprima-
mus. 2. Nolitote, cives mei, hostes qui caedem vobis
servitutemque minitantur (247) numerare; eandem potius
illi fortunam quam nobis intendunt, experiantur. 3. Huic
meae culpae ignoscas velim, et fac memineris me, qui hodie
peccavi, persaepe tibi antehac opem tulisse. 4. Servi (42, ii.)
igitur esse nolimus, audeamusque non solum ipsi liberi fieri,

sed patriam quoque in libertatem vindicare. 5. Quocirca pro
afflicta patria, pro exulantibus amicis, omnia (*or* quidvis, 359)
perferre ne recusaveris. 6. Quocirca (*or* quamobrem), cives,
nolite credere me, qui vos toties in aciem duxi, hodie ne
fortuna nos deserat pertimescere. 7. Iidem simus in acie
qui semper fuimus; de eventu proelii Di viderint.

1. Notice once more the true force of *opprimere*, not to "oppress"
(**18, 19**). 2. Note the *frequentative* form of *minari; intendunt*, "point"
or "aim" at us (see Lat. Dict.). 3. *Antehac*, before *this* time ; *antea*,
before *that* time. 5. For the metaphor in *afflicta*, the Latin Dictionary
should be consulted ; *recusaveris* is here a modal verb (**136**). 6. For
duxi see **449** ; *duxerim* would be more in accordance with **77**.

EXERCISE 19.

1. Hoc certe dicere ausim, me et primum tibi suasisse ut
hoc opus susciperes, et polliceri me ultimum moniturum esse
ut inceptum omittas (*or* incepto desistas, **264**). 2. Quid
facerem? inquit, quid dicerem? quis me culpare velit quod
tam perditos homines audire nolui. 3. Haec omnia eum
providisse neque negaverim neque affirmaverim, sed cavere
debuit ne tantis casibus opprimeretur civitas. 4. Eo die
frater meus te auctore (**424**) a proelio aberat; adfuisset
utinam; melius enim fuit in acie perire quam tantam perpeti
ignominiam. 5. Pro tantis igitur beneficiis gratiam velim non
solum habeas sed etiam referas (**98**, *b*). 6. Vellem (*or* utinam)
mihi milites quos optimos tecum habebas misisses. 7. Stabant
milites instructi acie, pugnandi cupidi, oculis in hostem defixis
(*or* intentis), signum flagitantes; crederes (**149**, ii.) epulas expectare. 8. Vobis potius, id quod facere debui, quam mihi consului
(**248**); quod utinam ne mihi unquam vitio vertatis (**260**, 2).

1. *Certe* often added to a word in this sense=*saltem*, or *quidem*. For
et . . . et see Ex. 17. 9. 2. For the difference between *nolui* and
noluerim see **484**, *Obs.* 4. Note *tense* of *perire ;* it is more accurate than
the English, as it means to fall *then*, to have fallen *now*. 6. Note
tense of *habebas*.

EXERCISE 20.

1. Num fieri potest (**125**, *e*) ut bonus civis legibus obtemperare nolit? 2. Unde, inquit, venisti, quo et quando hinc
es profecturus? 3. Num facere possumus quin frater tuus
ne invitus in exilium abiturus sit vereamur? 4. Quod (**157**)
hic scelus, quod flagitium commisit, quid mentitus est, quid
denique aut dixit aut fecit, ut vos, judices, sententiis eum
vestris vel morte vel exilio (**307**) multare velitis? 5. Num
quis affirmare audebit absentem eum condemnatum esse, ne
causam domi diceret, neu judices eloquentia sua commoveret?
6. Ceteris gentibus leges imponere, utrum vi et armis (**82**),
an consilio, virtute, ac prudentia, potuit populus Romanus?
7. Mors tibi utrum somnus esse sempiternus, an vitae alterius
(**368**) initium videtur? 8. Vultisne viros fortes vos praestare
(**241**), quales in hoc tanto discrimine desiderat respublica?
Velle vos respondetis. An milites vocari Romani (**7**) velle
desinitis? negatis omnes. 9. Utrum in melius an in pejus
mutari civium tuorum mores creditis? 10. Quem defendam?
quem accusem? quosque tandem (**157**, *Obs.*) dubitare me
simulabo? caedes haec utrum casu (*or* casune) an consilio
facta est? 11. Quid credam? hostemne heri an nostros
vicisse? cave ne de tam gravi re plura mentiare. 12. Nonne
ejusmodi fuit vates ut nemo ei unquam crediderit?

1. Avoid such barbarisms as *possibile*, *impossibile* (see **200**, 1). 2.
Remember that *quum* is never used as an interrogative (**157**, ii.).
3. *Frater tuus*, note the order; placed early for emphasis (Intr. 91,
and cf. the position of *si*, **458**, *Obs.*). 5. Beware of trying to introduce
imprimo; the Latin metaphor is different from ours. 7. Position of
esse; as a mere link verb it is often *buried*, as it were, between two
emphatic words that would naturally go together. 8. Avoid the use
of *cessare* ("to hang back"), for "to cease."

EXERCISE 21.

1. Caesar utrum jure caesus fuerit, an nefarie necatus, dubitari potest; illud (341) inter omnes constat, a Bruto eum et Cassio ceterisque qui conjuraverant (175) Idibus Martiis occisum esse. 2. Nostri vicerintne necne, adhuc est incertum; sed sive vicerunt seu victi sunt, certo scio eos neque sociis defuisse nec reipublicae. 3. Utrum hominibus nocuerit plus an profuerit, difficile dictu (404) est; illud (341) dubitari non potest, talem vel ingenio eum vel rebis gestis fuisse qualem in hac vita visuri sumus nunquam. 4. Vix credi potest quoties et ego et tu istum monuerimus ne fidem falleret, sed videmur, sicut heri ac pridie, ita cras nihil acturi. 5. Fac ad me scribas quando rex ad exercitum profecturus sit; qui (78) nescio an consulto cunctetur ut exercitum comparet, opes suas augeat; quod vereor ut efficiat; homines enim aut pertimescunt, aut male sentiunt. 6. Monuit me nescio quis (362) ne obliviscerer, tu quantum mihi quondam puero nocueris; quod feceris necne parvi refert; illud mea interest, num (167) amicus esse meus velis hodie. 7. Quum sentiret se gravi vulnere exanimari, quaesivit primum salvusne esset clipeus; salvum esse responderunt; deinde, fusine essent hostes; fusos esse responsum est. 8. Nonne mori satius esset rogavere quam inhoneste vivere. 9. Militum is meorum mihi fuit carissimus, et nescio an unus (529, *d*) omnium fortissimus.

1. *Jure caesus,* a legal phrase; note difference between *necare* and *occidere.* "Open to question," an English metaphorical (17) phrase, cannot be expressed literally in Latin. 2. " *Whether* they have won;" great stress should be laid on the different English uses of "whether" (171, see also 467). 3. *Visuri sumus,* for mood see 108. 5. *Opes suas,* note omission of *et.* Clauses often follow each other in Latin without either the *et* or *sed,* which the reader has to supply. *Homines:* "people" here means "men in general," and cannot be translated by *populus.* 9. *Is.* The pronoun would refer the reader to some one already mentioned (336).

EXERCISE 22.

1. Quid sibi velit haec multitudo, quo eventurus sit tumultus, expecto.   2. Quemadmodum puer vixerit, mihi demonstres velim; qualis sit hodie, satis scio.   3. Adesse periculum intelleximus; unde ortum sit, quale esset ac quantum, nesciebamus.   4. Quantum rei p. (or patriae), quantum majoribus debeas, fac recordere (or cogites velim); qui sis, quem locum teneas, memento.   5. Quo me verterem, quid facerem, quemadmodum de iis qui fratrem meum occiderant sumerem poenas, nesciebam.   6. Quis hoc fecerit nescio, sed quicunque fuit poenas dabit.   7. Qui in r. p. versantur quas ob causas cum iis qui exercitus ducunt parum consentiant satis manifestum est.   8. Qui hoc nuntiaverint, utrum iidem fuerint qui facinus commiserint necne, miror.   9. Qui ante eum regnav-ere (or -erant) omnes ingenio superavit; qui sibi successurus erat, qualis esset non intellexit.   10. Qui rei p. praeerant, quam repentinum esset malum, sensere, quantum esset ac quam diutinum futurum, non suspicati sunt.

The sentences in this Exercise are of the utmost importance, and should be done and commented on, or studied, with great care.

In 2, note difference of tense: *intelleximus, nesciebamus* (see **183**). 5. *Homicida* is "a murderer" in the absolute sense, and is not joined with a genitive.   *Interfector* (Caesaris) is used, but as a rule such words in *-tor* are not applied to the actors in a single deed, but imply either a continued (or professional) action (*dictator, mercator*), or some deed so marked as to be a permanent characteristic of the man.   *Auctor* is the commonest exception (see p. 227, *note* 1).

EXERCISE 23, A.

1. Illud (**341**) jamdiu scire cupio, cur adeo pertimescas ne tui obliviscantur cives.   2. Tu, quid (**174**) de hac re censeres (Intr. 100) et ego et pater meus jamdudum cognoscere cupiebamus.   3. Massiliam quum veneris, velim fratrem tuum

roges cur (174) nullas ab eo acceperim litteras. 4. Dixi, judices, et consedi, id quod ipsi videtis; vos jam de hac re judicate. Spero equidem et jampridem spero, hunc hominem vestris omnium sententiis (*note* Ex. 16 B, 5) absolutum iri. 5. Medi dum haec parant, Graeci jam ad Isthmum convenerant. 6. Pater tuus (Ex. 20. 3, *note*) ad extremam senectutem quotidie aliquid addiscebat. 7. Hostes quum (*or* quoties, *more emphatically* "*every time that*") infelicissimae hujus gentis oppidum expugnaverant, nulli parcebant; trucidabantur mulieres, pueri, senes, infantes, nullo vel aetatis vel sexus facto discrimine (*see* 426).

EXERCISE *23*, *B.*

1. Eum qui primus murum conscenderit, corona se aurea donaturum pollicetur. 2. Tibi, cum Roma rediero, cur te arcessiverim dicam. 3. Jamdiu negabant Galli se vel legatis nostris obviam ituros, vel conditiones quas Caesar ferebat (449), accepturos. 4. Constitere subito hostes; sed illi dum tempus terunt, nostri clamorem tollere, in mediam peditum aciem impetum facere. 5. Videbat jamdiu imperator ab hostium multitudine premi suos, qui conjectis (15) jaculis (telis), glandibus, sagittis, nostros de colle deturbare conabantur. 6. Dixi, judices : Vos cum sententiam dixeritis, manifestum erit utrum iste impune domum rediturus sit, an tot scelerum poenas daturus.

EXERCISE *24.*

1. Hujus tanti philosophi praeceptis jampridem nos obtemperare oportuit. 2. Nonne salutem tuam, utilitates tuas, r. p. saluti posthabere debuisti? 3. Victis et ignavis servis esse (*or* servire) licet; qui patriam in libertatem vindicant, eis (71) necesse est (201, *and note*) liberis esse.

4. Pudet me tibi persuasisse (**122,** *b*) ut pulcherrimo hoc
incepto (**264**) desisteres.   5. Amicos tuos ac propinquos per
me tibi monere licuit (**197,** *Obs.* 2) ne in tantum periculum
ac perniciem praecipites incurrerent.   6. Ejusmodi domino
non potuit fieri ut civis Romanus parere vellet.   7. Quid
facerent hostes, videre potuisti; sed haud scio an improvidus
esse ac caecus malueris.   8. Hoc (**82**) tibi faciendum fuit
(*or* hoc te facere oportuit); licuit tibi pugnanti in acie perire;
et mori potius debuisti quam utilitatibus tuis rem p. posthabere.   9. Nonne senem te pudet, ut inimicissimis tuis placeres,
amicis defuisse, patriam prodidisse ?   10. Noli timere; Romam
tibi venire, quoties libebit (**189,** ii.), per me licebit; quo cum
veneris (**189,** i.), fac apud me, si poteris, commorere.

2. *Utilitas* is like our "utility," an abstract noun; but Latin
abstract nouns are not so entirely abstract (Intr. 29, *d*) as not to be
frequently used in the plural—"utility," as shown on different occa-
sions; so *multorum hominem* amicitiae (see Ex. 16 B, 5).   *Ac perniciem*:
ac is naturally used to introduce a stronger expression (p. 14, *note*).

EXERCISE 25, A.

1. Virtuti tuae invidebitur.   2. Mendacibus nunquam
creditur.   3. Vos vero, nonne liberi (**42,** ii.) esse vultis ?   3.
Nolite servi fieri; servis nihilo (**279**) plus quam liberis
parcetur.   4. Interroganti (**415,** *a*) ei nihil respondere visus
es (**43**).   5. Tantum abest (**124**) ut nobis odio sis (**260,** *Obs.* 2),
ut tibi etiam faveatur.   6. Ego recte mihi fecisse videor;
tu vero potest fieri ut (**64**) aliter sentias.   7. Utri a rege
faveatur quaeram.   8. Acriter hodie pugnatum est; cras
diutius atque atrocius certabitur.

EXERCISE 25, B.

1. Tum subito a tergo conclamatum est; et nescio quo
pacto (**169**) toto est trepidatum agmine.   2. Aienti (**406**)
mihi credidisti; illud (**341**) intelligere non possum, cur

neganti fidem habere nolis. 3. Puero mihi aegre persuasum est (122, *b*) ne nauta factus (15) maris, ventorum, tempestatum vim experirer; senex domi sedere (42, ii.) otiosus malo quam aut navigare aut peregrinari; tu haud scio an (169) idem sentias. 4. Hac tanta felicitate contentus esse debuisti, nec id egisse ut nimia postulando (54) omnia pericliterere. 5. Tantum abest ut in nobis sit saevitum, ut defectioni ac rebellioni majorum nostrorum semel atque iterum sit ab Anglis (319) ignotum. 6. Vir fortis videtur fuisse frater tuus, sed satis constat in hac eum re temerarium se atque improvidum praebuisse. 7. Primus ex eo populo videtur civis noster fieri voluisse; ultimus pristinae libertatis memoriam senex conservasse dicitur.

1. *Nescio quo pacto*, used as one word, often answers to our "mysteriously," "unaccountably." 5. *Rebellio* is only "rebellion" in the sense of "renewal of war," especially by a subjugated nation. *Deficere a fide* answers more nearly to our "to rebel." *Majorum*, subjective genitive (see 299, i.).

EXERCISE 26.

1. Philosophiam ait legum inventricem fuisse, morum ac disciplinae magistram. 2. Eo anno Apiolas, urbem vetustissimam, captam esse tradunt (44). 3. Flaminius, pater tuus, vir fortissimus, Placentiam, coloniam florentissimam, deduxisse dicitur. 4. Nolite, inquit, cives mei, oro vos atque obsecro (*see* Ex. 16 B, 1), ut tyranni libidini gratificemini (*for order, see* Intr. 103), libertatem, atque dignitatem, res pretiosissimas, projicere. 5. Miles, homo innocentissimus, in vincula conjectus est; centurio, vir fortissimus, illico trucidatur. 6. Hunc regem, hominem infelicissimum, insulam Siciliam primum e gente sua visisse tradunt, eundem Syracusas, urbem pulcherrimam, primum e longinquo aspexisse. 7. Vix crediderim patrem tuum, hominem acutissimum, haec ei pollicenti fidem habiturum fuisse (193, v.).

EXERCISE 27.

1. Barbari summum jugum ascendentis exercitus, eadem qua antea ferocia, latera adoriebantur.   2. Fratrem tuum, ne quid (109, 118) patrem vestrum, hominem optimum (224) celaret saepissime monui.   3. Primus mortem oppetere (198, i.) debuisti, et fortissimi patris fortem te filium praestitisse, non levissimum periculum primus perhorruisse (232).   4. Caesar si copias Rhenum traduxerit (190, 1), per totam Germaniam trepidabitur.   5. Multa (54) nos speculatores nostri de situ arcis et magnitudine docuerunt; quantum sit ac quale praesidium celatos nos videntur velle.   6. Quum de summa re actum esse intellexisset dux, funestas paludes fuga praecipiti praetervectus in arcem incolumis pervenit.   7. Ut rei p. procurationem, rem laboriosissimam (222, *Obs.*), defugeret, aetatem ac corporis infirmitatem excusavit.   8. Multi terras longinquas praetervecti sunt; orbem ille terrarum primus circumnavigasse creditur.   9. De itinere meo te celatum nolim; hoc autem a te (*or* te) posco (231) ne absentis mei obliviscare.   10. Consilii sui de parte omnia me docuit, cetera fratrem ipsum celavit.

1. This substitution of the present participle for a temporal clause would be apparently possible in English : "The Barbarians attacked . . . the flanks of the army while *mounting ;*" but see p. 258, *n.* 2.   It is very common in Latin (see **410**), and has the advantage of binding together, so to speak, all that is said into a single sentence.   *Ferocia :* look out the true sense of this and *ferox.*   4. For position of Caesar see Ex. 20. 3 ; find instance of true meaning of *trepidare*—not "to tremble."   *Traduxerit* represents our *once* leads, the "once" being represented by the tense (see p. 296, *note*).   5. Beware of dative (*nobis*) after *docuerunt* (**232**).   6. Avoid such Latin as *attigit* for "reached;" real meaning of *attingere ?*—"to touch."   7. Note this sense of *excusare.*

EXERCISE 28.

1. Qui nescio an, quod (*order, see* **85**) majores sui saepissime peccaverunt, idem ipse sit peccaturus. 2. Multa conqueritur, lamentatur multa ; hoc unum gaudet, te eum in amicorum numero habere velle. 3. Equidem vereor ne de salute sua totum exercitum sollicitum habeat ; tam incaute se et imprudenter gerit (*or* tanta est ejus temeritas atque imprudentia). 4. Mare jamdiu classibus suis infestum habebant (**181**) Angli ; jam demum fretum transportare milites et in continente exponere ausi sunt. 5. Sociorum reliquos Romani (**319**), missos fecere ; Hieroni, uni (**529**, *d*) omnium fidelissimo, consulere nunquam destiterunt. 6. Utrum sapientem se an stultum insipientemque praebuerit nescio ; sed id aetatis puero militi fieri non licebit (**197**) : hoc saltem pro certo habeo. 7. Hanc vitam vixi judices ; vos potest fieri ut ejusmodi vitae misereat ; hoc ego gloriari ausim me (**309**) neque pudere ejus, neque taedere, neque paenitere. 8. In hoc difficillimo tempore tam bene se gessit ut vix sciam utrum constantiam ejus plus admirer, an prudentiam.

5. Notice this substitute for English adverb " steadily," used in this sense. *Constanter* would be rather " undauntedly," *in spite of danger ;* it might also be expressed by *nunquam non,* a strong form of *semper.* 8. *Tempus* is constantly used as a " trying time : " " in meis temporibus," " in my hours of trial." Notice carefully the *moods* of *sciam* and *admirer* (see **106** and **172**) : *admirer* in a direct question would be " *Am I* to admire ?" *i.e.* a *jussive* question (see **150**) ; cf. *tene admirer ?* " Is it you that *I am to* admire ? "

EXERCISE 29, A.

1. Quem cavere debeas (**198**), quem timere, jampridem te moneo (**181**). 2. Scio patrem tuum, virum optimum (**224**, *Obs.* 2), liberis suis semper provisurum esse. 3. Fieri non potest

ut tantum hoc scelus cuiquam probes. 4. Quaerenti quid facerem (172), num eum et quemadmodum et quando offendissem, nihil mihi respondit. 5. Patriaene an vobismet ipsis consultum vultis? 6. Multa ei ego (334, iii.) peccata condonavi; non debuit adeo in te saevire. 7. Adolescenti ei adversabar; senem et imbecillum adjuvare volo. 8. Multas in re p. tempestates prospicio; sed neque reipublicae saluti, nec meae timeo.

EXERCISE 29, B.

1. Ferunt cruentum pugionem sicario extorsisse, et alte sublatum humi abjecisse. 2. Nolite ei (72), qui tam bene de re p. (331, 24, *d*), meritus est, ignobilitatem objicere. 3. Utrum mihi succenseas (25), necne, nihil refert; saluti meae nihil metuo; jam tibi licebit quotidie mihi mortem, si libebit, denuntiare. 4. Tibi (217) et creditum et credendum fuit, constabat enim inter omnes nunquam te fidem fefellisse. 5. Magistratum (18, 19), quem sibi nuperrime permisisset (128) populus, non modo cum aliis communicatum, sed totum sibi (247) hac lege ademptum iri (193, iv.), conquestus est. 6. Libertatem nostram ac jura absentibus nobis ademisti, cras nescio an vitas nostras ac fortunas extorsurus sis. 7. Milites ad unum omnes occisi sunt; ab inermibus temperatum est. 8. Rex noster, mitissimi homo ingenii, cur civibus tantam vim frumenti ac pecuniae imperaverit ignoramus omnes. 9. Nemini unquam qui sibi obstiterat parcebat, nec cuiquam (110), qui sibi nocuerat, ignoscebat. 10. Tibi semper cautum (240, *Obs.* 1) volui, nec tamen de hac re te, hominem incautissimum ac temerarium, consuli volebam.

2. *Est:* the subj. *sit* might be used; but the ind. expresses the simple fact, while *sit* would introduce an appeal to the man's character (506, *b*). 6. The old English "liberties" is not often equivalent to *libertas* (not used in the plural)—it comes nearer to *immunitates,*

or *jura.*   7. The passive participle of *parco* is rare, *temperor* generally
supplies its place in this sense.   9. *Parcebat* here, and *volebam* in 10,
might be in the *perfect*, with some difference of meaning ; the
imperfect denotes, in the former, *habit* (**184**), in the latter, the feelings
which *were actuating him* (**183**).

EXERCISE 30.

1. Potest fieri ut (**64**) tu, homo turpissimus, non dubita-
turus sis servitium dignitati anteponere.   2. Negat se illi
certamini juvenem interfuisse.   3. Se amicis nunquam
defuturum esse pollicetur.   4. Quaerenti mihi quis exercitui
praeesset, nihil (**237**) respondit.   5. Scimus omnes (compertum habemus) quam sit (**174**) turpe amicis in difficili tempore
deesse.   6. Neque tempori me neque duci neque occasioni
defuturum esse spondeo ; sed Fortuna nescio an (**170**)
consiliis nostris obstet.   7. Marcellum Syracusis, pulcher-
rimae urbi (**317**), illacrimasse dicunt (**44**).   8. Equidem vix
crediderim regem nostrum, mitissimi hominem ingenii, adeo
saeviturum fuisse (**193**, v.).   9. In his quae (Intr. 102) nunc
civitati instant periculis, omnes in republicam incumbamus.
10. Ad existimationem ejus quam plurimum pertinet, compertum nos habere utrum in acie ceciderit an sibi vim intulerit.
11. Oportuit te fratri tuo, viro fortissimo, obviam excedere
(**196**, *Obs.*), domi sedere tutus (**42**, ii.) maluisti.   12. Velim
scire utrum patriae sit et indicturus bellum et illaturus, an
utilitates suas (*see* Ex. 24. 2) rei p. posthabiturus.   13. Ne
alios ille (**334**, iii.) ad simile scelus impelleret, rem ad magistratus invitus detuli.   14. Nunquam ille vel potentissimum
quemque (**375**) adulari, vel multitudini assentari voluit ;
semper sibi (**244**, *c*) confidebat et omnibus se periculis
objiciebat.   15. Imminet (*note intransitive sense*) nobis
quotidie fames ; instant praefecto oppidani ut urbem hostibus
dedat ; is consilium suum mecum communicare nonvult, nec
quid faciam (**172**) habeo.

Exercise 31.

1. Dubitare non potui quin (133) a (265), fratris tui ingenio alienissimum (95, 1) esset mentiri. 2. Omnes nostri similes diligere solemus. 3. In hoc tam difficili tempore, vereor ut amicus tuus, homo levissimus, patris sui, viri praestantissimi, similis evadat. 4. Quae res in vulgus fuit gratissima, eadem (366, ii.) regi ingratissima. 5. Patris ille sui consiliis jamdiu adversabatur, cujus ipse fuit omnibus rebus simillimus. 6. Patris meus et propinquus fuit et ei (*or* ejus) a puero (332, 1, *b*) amicissimus ; idem in me (331, 24, *d*), benevolentissimus. 7. Quippe beate vivere (98, *b*), inquit, id quod omnes (297) bonis omnibus anteponimus, regibus cum bubulcis, pauperibus cum divitibus, commune est. 8. Erga ceteros benevolentissimus esse videbatur ; sibi ipsum (356, ii.), inimicissimum fuisse puto. 9. Homo est ab omni ambitus suspicione alienissimus, sed vereor ut ab his judicibus, hominibus nequissimis, absolvatur. 10. Regum esse proprium dicebat, iis qui optime de se meriti essent invidere (*or* Illud regum . . . *ut* . . . *inviderent*).

10. Substantival sentences introduced by *ut* (125) follow sometimes a prefixed *illud* by way of *epexegesis*, or explanation.)

Exercise 32, A.

1. Pollicetur se civibus tuis auxilio brevi venturum esse. 2. Tum sicario (257) cruentum pugionem e manibus extorsit. 3. Vereor ut haec tibi honori sint futura. 4. Quid sibi isti velint parum intellego. 5. Tanto praelio interfuisse summo tibi est honori. 6. Dubitari non potest (64) quin ejusmodi superstitio homini sit opprobio. 7. Vereor ne hoc eis qui reipublicae praesunt (175) et detrimento sit (futurum, 138, 139) et dedecori. 8. Cassius illud rogitabat, cui res bono

fuerit.   9. Rempublicam quaestui habere turpissimum (**57**, *a*)
est.   10. Quaerere velim quem locum domicilio elegeris (**164**).
11. Vereor ne hoc tibi magno sit et (*see* Ex. 17. 9), dolori et
opprobrio.   12. Puerum monebo quanto sit opprobrio fidem
fallere.   13. Pollicitus est se Cyprum eis insulam (**222**) dono
daturum esse.   14. Spero eum intellecturum esse quanto
omnibus sit odio crudelitas.   15. Tum Caesari ad pedes
legati Gallorum se projecere.   16. Videtur et odisse populum
nostrum et nobis odio esse.   17. Spero me tibi auxilio cum
duabus legionibus brevi venturum esse.

1. Of course the *civibus* and other similar datives are connected
closely with the other dative, *auxilio*, etc., not with the verb of motion.

EXERCISE 32, B.

1. Fidem suam interponit se facturum esse ut legatis liceat
tutis domum discedere.   2. Huic regi, propter indolem ceteris
hominibus vix ferendam (**393**, **394**), Superbo nomen indidere.
3. Quae res argumento est neminem Romanum ei certamini
interfuisse.   4. Fratris tui, viri praeclarissimi, tot sunt ac
tantae res gestae ut jam omnibus hominibus auditae sint
(**106**), laudatae, ac perlectae.   5. Scimus transfugarum nomen
omnibus hominibus odio esse et execrabile; sed oramus
obsecramusque (Ex. 16 B, 1), ut haec nostra transitio nobis
neque fraudi sit neque honori.   6. Nobis ne in omnium
quidem otio otiosis esse licuit.   7. Quod (**78**) tam nefarium
consilium vix crediderim tibi cognitum probatumque esse.
8. Hanc rem, quae jam omnibus est in ore, mecum heri com-
municavit; puto id ad te (**253**, iv.) magis quam ad me
pertinere.   9. Collega meus quum mihi auxilio venerit,
victum tibi (**247**), et arma suppeditare potero.

8. For *jam* see Ex. 8. 13.

EXERCISE 33, A.

1. Exercitum paene totum deletum esse respondit, nec quidquam (110) interesse utrum fame, an pestilentia, an ab hoste oppressus esset. 2. Non modo a militibus suis sed populi quoque suffragiis rex factus, id egit ut imperium, vi et armis partum, pacis artibus stabiliret ac confirmaret. 3. Prae-clarissima ortus familia, adolescens ad rem p. accessit (*or* se contulit), senex demum magistratu abiit. 4. Externi belli metu liberata civitas cives impios finibus pellere, et optimo cuique gratiam referre potuit. 5. Propinquus tuus, homo nequissimus, utrum hoc conatu destiterit an in eo perseveratus sit nescio ; sed sive (171, *c, d*) hoc (340, ii.) facturus est sive illud, videtur mihi nondum injuria abstinere velle. 6. Frater meus, homo infelicissimus, tantum abest (124) ut aere alieno liberatus sit, ut hodie propter hanc ipsam causam patria cedat.

2. Note the very useful phrase *id egit ut ;* also *imperium* for "throne." 3. *Ortus* includes the meaning of the English clause, "as he was" (see 406, 1). 6. Note the common use of *cedere* in sense of "to withdraw from" with the abl. *without a preposition.*

EXERCISE 33, B.

1. Illud bona tua venia quaerere velim, utrum casu hoc an consilio feceris. 2. Cum lacrimis, cum ploratu, summa cum sollicitudine, domo profecti sumus; curarum onere levati, metu vacui, et cum summa omnium (59) laetitia, ad finem itineris pervenimus. 3. Homo est moribus integerrimis, et tantum ab ejusmodi scelere abhorret ut mirer equidem quemadmodum in tam nefariae impietatis suspicionem venire (*the regular phrase for the passive of* suspicor), potuerit. 4. Cum dignitate ("*self-respect*") mori, quam servi vivere malumus, sed hoc modo (268) perire, hujusmodi hominis causa, nolumus. 5. Potui morti ipsi nullo negotio (64) obviam ire (196, *Obs.*), sed hanc

tam gravem calamitatem aequo animo perferre nequeo. 6. Qui adeo exarsit ira, ut non fratri solum suo, sed omnibus qui adstabant, mortem denuntiaverit (*see rules in* 112, 113).

2. Note how the substitution of *omnium* for "universal" makes the conjunction (*et*) unnecessary.

EXERCISE 34.

1. Inter vos omnes satis constat (*or* convenit) solem luna multis partibus majorem esse. 2. Hunc ego hominem a puero notum habeo; multo eum te et fortiorem esse et doctiorem credo. 3. Rex ipse, dum ante primam aciem pugnat (180), capite vulneratus est; in tanta hac trepidatione et omnium pavore e certamine se recipere noluit. 4. Hac ratione civibus omnibus jure carissimus (57, *a*) factus, ad extremam (60) senectutem, nomine privatus civis, re patriae paene parens pervenit. 5. Quod scelus tuo statim sanguine luendum est; facinora enim ista hac luce clariora sunt ac manifestiora, nec potest fieri ut civis quisquam tibi ignotum velit (240 *Obs.*). 6. Mihi, inquit, vos omnes nomine esse milites, re vera transfugae ac latrones videmini. 7. Multo jam acrius pugnabatur; a sinistro cornu nostri lassitudine deficiebant; dux ipse altero saucius bracchio primus hoc sensit. 9. Potuistis paullo ante bellum pace mutare; sero vos erroris hodie paenitet. 9. Saluti vestrae heri diffidebam; sed res expectatione (*or* spe) mea multo melius evenit. 10. Quanto (279, *caution*) melius fuit (153) in tali tempore omnia communi (*or* reipublicae) salute inferiora ducere.

2. Notice the difference between the English and Latin phrases for "your superior in." 10. Note tense of *ducere*.

EXERCISE 35, A.

1. Filio tuo jam diu familiarissime utor (181), qui (78 *and* 43) mihi ingenio potius ac virtute quam vel vultu vel corporis habitu patris (255) esse similis videtur. 2. Nolite eum qui Deorum (Immortalium) beneficiis tam bene, tam prudenter,

usus est (*or* sit) merito honore ac laude privare. 3. Facere non
possum quin tua opera (**267**, *Obs.*) credam factum esse ut hoc
periculo defunctus sim. 4. Omnes qui te salvum volumus (**240**,
Obs. 1), hoc unum optamus, ut liceat tibi magistratu isto cum
dignitate, cum emolumento tuo, fungi ; omnes probitate tua
ac modestia confidimus, omnes (in) amicitia tua gloriamur.
5. Tuo fretus subsidio, eos qui contra regem suum arma
sumpserant (*or* qui armati a fide desciverant), gravi supplicio
afficere ausus sum. 6. Sibi semper confidebat, et in tenui fortuna et exiguo victu suis rebus contentus esse (**98** *and* **42**, ii.)
quam alienis (**58**) opibus niti maluit. 7. Omnibus rebus
quibus ad vitam opus est liber carere, quam in servili con-
ditione divitiis circumfluere maluit.

1. *Virtute*, of course, could not be used for "character" but for the
context making it clear that *good* character is intended. *Ingenium* is
natural ability, and is sometimes = character ; but when coupled with
virtus, etc., implies rather *intellectual* gifts. It is never used in the
plural like our "abilities," but would be plural if used of more than a
single person. 2. *Qui . . . usus est.* *Sit* would be equally good Latin
(see Ex. 29 B, *note*). 3. This very common periphrasis of *factum esse
ut* might have been included in **125**. 4. *Probitas*, or *integritas*, is
"honesty," "incorruptibility," never *honestas*. So *modestia* is never
"modesty," which is *verecundia* (see **18**). 5. Two versions are given
for "rebels ;" the difference between the two ideas is obvious.

EXERCISE 35, B.

1. Pollicetur omnia se nobis quae opus sint (**77**) suppeditaturum. 2. Consulto magis nobis quam properato opus est ;
haec enim victoria vereor ne nimio (**280**, *Obs.*) nobis consti-
terit. 3. Patre tuo, viro praeclarissimo, adolescens amico
usus sum (*or* utebar) ; singulari (**381**, *Obs.*) ille ingenio fuit,
summa virtute (*see* Ex. 35 A, 1) (*or* optimis moribus).
4. Qui patrem suum occiderunt et contra regem conjuravere,
eos gravissimis se suppliciis affecturum esse sperat. 5. Qui

vereor ne miseratione tanta atque venia, quanta hodie ei opus est, parum dignus videatur. 6. Patris mei fortuna nihil unquam beatius concipere animo possis (*or* nihil beatius excogitari potest); qui ita summo magistratu functus est ut domesticae vitae dulcedine frueretur. 7. Tua fretus benevolentia, litteris, quas ad me (*or* mihi) per filium meum misisti, uti non dubitavi. 8. Num quisquam hoc homine laude dignior, supplicio indignior potest esse?

3. "I enjoyed" may be turned by the perfect or imperfect. It may state the fact, or it may mean "I used to enjoy." 4. For *suum* see **353**; but the context makes it clear; were "parricides" intended, the Latin would be *suum ipsorum* (**356**, i.). 6. *Possis:* the subjunctive 2d person singular represents the English "you," "one," the French "on," so in **149**, ii.

EXERCISE 36.

1. Utrum servi futuri sitis an liberi, vestri ipsorum (356, i.), est arbitrii. 2. Scimus cujusvis esse errare, sed stulti est illud (237) oblivisci, aliud esse errare, aliud in errore (*or* errando) perseverare. 3. Omnium civium jura ac libertatem spe sua celerius sui juris fecit. 4. In diem vivere, nihil in futurum providere, barbarorum potius quam liberi populi (civitatis liberae) esse dixit. 5. Patris tui aequales suos esse dixit, nec eorum quemquam sibi avunculo tuo cariorem fuisse. 6. Omnia tua causa atque fratris tui (289), hominis optimi, absens facere non destiti. 7. Tempori, inquit, cedere prudentis est; sed ejusmodi minarum rationem habere summae est stultitiae. 8. Utrum vicerimus, necne, vix ausim dicere; scio militis esse jussa expectare ducis. 9. Leges scribere, ac ferre, aliorum erit; nostrum est legibus parere. 10. Legi quam ipse pertulisses, fraudem te facere dixit; id quod evertendae esse reipublicae credidit.

2. Of course *oblivisci* as a rule governs a genitive. 3. Avoid *privilegia* (see Latin Dictionary). 7. *Tempori cedere* exactly answers to our "temporise."

EXERCISE 37.

1. In hoc rege (*or* principe) nihil sordidi erat, nihil turpe, nihil humile; parum doctrinae, ingenii satis; rerum peritiae aliquantum, eloquentiae non nihil; multum prudentiae, probitatis plurimum ac constantiae. 2. E tot patris tui meisque aequalibus nemo illo laude et observantia fuit dignior. 3. Uter vestrum plus detrimenti, plus damni, reipublicae attulerit difficile est dictu; spero confidoque brevi fore ut utrumque scelerum poeniteat. 4. Nihil nobis reliqui fecit Fortuna, nisi ut aut cum dignitate moriamur, aut cum ignominia vivamus. 5. Infelicissime pugnatum est; e (de) tot millibus perpauci supersumus; ceteri aut occisi sunt aut capti, ut vehementer verear ne de summa re actum sit. 6. Hominem illius similem ubi gentium (294, *Obs.*) inveniamus (150)? Tot ejus virtutes longum est vel enumerare vel verbis exsequi: qui utinam hodie adesset (152). 7. Tanto sanguine (280, *Obs.*) haec nobis victoria constitit, ut dubitem (106) equidem utrum victores an victi plus detrimenti acceperint.

1. *Doctrina* is the regular word for "learning," "information;" it should not be used in the plural, and does not answer, in classical Latin, to the English "doctrines" or "tenets." Note the meanings of *prudentia, probitas,* and *constantia,* as also of *observantia* in 2. 2. Note the correspondence in *patris meisque* of the genitive case with the (pronominal) adjective as pointed out in **289, 290,** and **291,** *Obs.* 2. 3. Notice carefully the use of *damni* for "injury;" *injuria* is "wrong," not "injury," in the sense of "harm." 4. *Ut aut cum* . . . Note the substantival clause after *nihil reliqui fecit.* It is one of the cases where the *ut*-clause comes nearest to the Latin infinitive; the latter in fact would be admissible, though unusual. *Aut . . . aut,* because the two ideas are diametrically opposite; in 6, *vel, vel,* "it does not matter which" (see Intr. p. 14, *note*). 5. *Ut vehementer :* consecutive *ut* is constantly used in Latin to attach a clause which in English would stand detached. An English writer would probably omit the "so that." 6. *Exsequi:* avoid the use of *exprimo,* "I squeeze, or *force* out."

EXERCISE 38.

1. Litterarum fuit ille semper studiosissimus ; laboris idem, frigoris, aestus, inediae, vigiliarum, patientissimus ; illud equidem vereor, ne parum (294) sibi otii ac quietis concedere velit. 2. Tantum erat militum (299, *Obs.*) studium pugnandi, tanta omnium alacritas, ut peritissimo ejusmodi militiae duci dicto audientes esse nollent, et dum sui fiducia et hostium contemptu pleni, et alius alium (371, iv.) hortantes, tanquam ad exploratam victoriam procedunt, subito in insidias imprudentes praecipitaverint (106). 3. In summa rei p. dissensione, ea (348) tamen amicitia quae mihi erat cum patre tuo, viro fortissimo, et mea et illius (289) spe (277) diutius permansit. 4. Divitiarum illi satis erat superque, sed rei p. imperitissimus fuit, et famae idem vel laudis vel auctoritatis vel potentiae parum appetens, et ab omni magistratuum vel honorum contentione alienissimus. 5. Isti vero, horum laborum expertes omnium, voluptatum tantum otiique appetentes, rei publicae neglegentissimi, epularum gulaeque studiosissimi, eo impudentiae processere, ut exercitui omnium diutini belli incommodorum patientissimo luxuriam desidiamque me audiente ausi sint (106) objicere.

1. *Ille* may be used, in the sense of 339, iii., so in 4. Note *velit* for "consents to;" *consentiat* here would be absurd. 2. Note sense of *studium*, as of *studiosus* in 5 ; from its sense of a taste or passion for literature *litterarum studium*) it came by degrees to be used in its modern but unclassical sense of "study." *Peritissimo :* the *concessive* sense here and with *expertes* in 5 is left to be inferred, as often also with participles (see 412, *Obs.*, and cf. 510). *Dicto audiens esse* is a common phrase, used of the implicit obedience required from soldiers ; the verb *audire* is never used in this way with *dicto* and another dative ; *audiens* is treated as an adjective and combined with *sum.* 3. *R. p. dissensio :* the genitive is explained in 300 ; but note and put together e very various senses of *respublica.* 4. Note sense of *auctoritas ;* never authority in the sense of "power,"—always moral or intellectual

"influence." 5. *Eo impudentiae :* this construction, though common in
Livy, is scarcely found in Cicero. *Me audiente :* this phrase might
have been added to those in **420**, ii. Note the subjunctive in *ausi sint*,
as in *praecipitaverint* in 2 ; both are at variance with the idiom of
English or of Greek, where the indicative would certainly be used.

EXERCISE 39.

1. Serpentes dicunt ingenti magnitudine (271) in insula
Lemno (222) inveniri.   2. Virum eum fortem fuisse nemo
negat ; illud quaeritur (341) utrum prudens fuerit, ac rerum
peritus.   3. Filius tuus (43) optimae esse spei puer videtur,
et maximae apud aequales auctoritatis.   4. Post tridui cunc-
tationem tandem cum triginta navium classe profectus est ; sed
exactae aetatis homo vix tanti laboris opus exsequi potuit.
5. Bono igitur velim sis animo, neu (103) propter brevissimi
temporis pavorem tot annorum laboris fructum projicias.
6. Priscae, id quod (67) omnes scimus, et nescio an nimiae
severitatis homo est ; idem vero vir justus ac probus et vitae
innocentissimae.   7. Fortiter pugnare et honeste in acie perire
civium Romanorum est ; nos igitur, qui pauci (69) supersumus,
et majoribus nostris et republica Romana dignos nos prae-
stemus.   8. Cui dormienti adstare visus est senex quidam
(361) exactae aetatis, canis capillis, benigno vultu, qui eum
bono esse animo et optima sperare jubebat ; nam ad insulam
Corcyram post aliquot dierum navigationem perventurum esse.

4. *Tanti laboris :* or *tantum tamque laboriosum,* or *opus laboriosis-
simum.* 6. It should have been added in **169**, that *nescio an* is
occasionally used without a verb as here.

EXERCISE 40.

1. Homo erat mediocris ingenii, (sed) virtutis summae, qui,
periculosissimi belli maximo in discrimine, pluris in provecta
aetate quam juniorum quisquam factus est.   2. Vir erat
spectatissimae fidei et singularis (381, *Obs.*) integritatis ; tum
vero avaritiae insimulatus est, ambitus in suspicionem venit,

et rerum repetundarum (*or* de reb. rep.) reus factus : cujus
criminis scitis omnes omnium eum judicum sententiis absolutum esse ; cui vero vestrum non illius (**348**) diei venit in
mentem quo ille condemnationis ignominiam immeritam
deprecari noluit, nec se ipsum solum de eo crimine purgavit,
sed eorum qui se accusabant malevolentiam et mendacia
coarguit ? Nemo eorum qui eo die in judicio aderant prae-
clarissimae illius orationis facile obliviscetur; nec quidquam
unquam eorum qui audiebant magis animos commovit.
3. Totum jamdiu populum belli taedet, poenitet temeritatis
suae, et imperatoris stultitiae inscitiaeque pudet. 4. Illum
(**308**, *b*) cujus mentionem facis bene memini ; homo erat
infimi generis, provectae aetatis, vestitu sordido (**303**, *Obs.* 2)
habitu corporis rudi et agresti ; sed nemo unquam rei militaris
peritior fuit, et plurimum ad salutem civitatis interfuit eum
in (**273**, *Obs.*) tali tempore imperatorem fieri. 5. Parvi nostra
interest utrum absolvatur iste, an (**159**) condemnetur, sed
omnium interest ne absens, indicta causa (**425**), vel exilio vel
morte multetur (**307**).

1. For *homo* (and *vir*) see p. 153, *note* ; for *ingenium* and *virtus*
see Ex. 35 A, 1. " In his old age :" *senex* would of course be right (**63**),
but *in pr. aet.* expresses more nearly the *idea* of the English, *i.e.* " in
spite of " his age (**273**, *Obs.*). 2. *Cujus criminis:* note the relative,
and see **78**, and also **541**, *Obs. Coarguit : exposuit* would merely mean
" stated ; " *coarguere* is " to bring home " a charge, *arguere* to try to do
so ; cf. ἐλέγχειν and ἐξελέγχειν, or ἤλεγχε (imp.) and ἤλεγξε (aor.). For
nemo, nec quisquam might be substituted (see **541**, *Obs.*). *Animos commovit :* in the less imaginative and less *picturesque* style of Latin, as
compared with that of English, it is natural in such expressions to
introduce the *animos*, which would be omitted in English, and
also to use the plural (see Ex. 16 B, 5).

EXERCISE 41.

1. Quum Veiis in oppido tum temporis (**294**, *Obs.*) et multitudine civium et maximis opibus florentissimo (*or* frequen-

tissimo atque opulentissimo) multos jam annos viveret (181),
ad urbem inde Romam, quae quattuor decem millia ferme
a veteri domicilio aberat, senex (*or* provecta jam aetate)
commigravit. 2. Parentes ejus a (266, *Obs.*) Syracusis
oriundi, Carthagini jamdiu domicilium habebant; ipse Uti-
cam ad avunculum puer missus, triennium totum domo
abfuit : sed postquam ad matrem jam viduam Carthaginem
rediit, reliquam adolescentiam domi suae (316, iii.) degit.
3. Hostes vix jam unius diei iter aberant; arcis muri, vix plus
viginti pedes alti, et fossa minus (318, *Obs.*) sex pedum
cincti, vetustate (267, *cause*) corruebant.   Doria quum sex dies
subsidia frustra expectavisset, litteras Pisam ad Praefectum
misit, quibus eum oravit obsecravitque ne (118) tempus ultra
tereret, sed ut milites sibi auxilio confestim adduceret.
4. Londini, in urbe omnium maxima et frequentissima nato
educatoque, strepitum urbis ac multitudinem vitae rusticae
otio, securitate, et infrequentia, ut permutarem nunquam
antea, ne semel quidem, mihi concessum est (*or* contigit, 123).
Jam vero brevi me Romam ad filium meum iter facturum
spero, ex Italia autem ante mediam hiemem ad Constanti-
nopolim navigaturum, quam urbem visere jamdudum gestio;
te puto Melitae hiematurum esse, quam ego insulam numquam
sum visurus.   Veris initio Neapoli in pulcherrima urbe
commorari (45) statui, et Londinum ad veterem domum
mense Maio (538) vel (p. 14, *note*) Junio me conferre.
5. Caesarem puto vix minus domi se quam militiae propositi
tenacem praestare; dicunt eum ad urbem esse, triumphum
expectare, apud populum verba facere velle.   6. Injuriis
Napoleonis ac contumeliis lacessiti irritatique Hispani ad
Anglos tandem veteres hostes sese converterunt.

1. *Maximis :* why not *vastis?* (Vocab. 3, *note.*)   4. *Quam urbem,
quam insulam.*   Note the transference of the appositional *urbs* and
insula to the relative clause, analogous to that in 69.

Exercise 42.

1. Mithridates, qui uno die tot cives Romanos (58) truci-
daverat, alterum jam et vicesimum (530) annum ab eo tempore
regnabat.   2. Hirundines mensibus hibernis hic quoque abesse
videntur; ego certe ne unam quidem (381) his viginti diebus
vidi.   3. Tertium ac tricesimum agens (410) annum excessit
vita; quum nondum triginta haberet annos, tantas res gesserat
quantas (490, i.) nemo eorum qui aut ante eum aut post
regnaverunt (175).   4. Fames fit in dies (328, *c*) gravior;
quotidiano labore fatigatis eruptiones, quas ad hunc diem
nocturnas diurnasque fecimus, mox intermittendae erunt (392);
nostrorum adventum diem de die (328, *c*) expectamus.
5. Ad Calendas Junias (538) mihi se praesto fore pollicitus
est; his decem annis ne semel quidem eum ad tempus adesse
cognovi.   6. Abhinc prope tres annos neminem me unquam
vidisse dixi, qui fratrem tuum vel virtute vel ingenio super-
aret (77, *and also* 504); sed hoc biennio severior is in dies fieri
atque asperior videtur, nec tanti (305) jam eum facio quanti
antea.   7. Viginti fere post diebus quam ab India redierat
patrem tuum vidi; ingenii ejus vim nondum aetas affecerat
(hebetaverat), in (273, *Obs.*) provecta aetate illis sex mensibus
exercitui praefuerat, et jam tum magistratum petiturus (14, *c*)
fuit.   8. Temporis errore deceptus plus sex menses te Athenis
fuisse putavi.   9. De hac re satis jam dixi, nec diutius (328, *a*)
vos retinebo; abhinc sex menses potui plura dicere (196, *Obs.*).

2. Notice this adjectival use of the English "winter," Ex. 9, *last note.*
7. *Afficere* is used in the sense of affecting *for the worse*, health, etc.

Exercise 43.

1. Quod tantum beneficium tibi potissimum liberisque tuis
secundum Deos acceptum rettuli (*lit. entered to your credit in my
account as received*).   2. Spero eum, cum Romam pervenerit
(p. 296, *n*), apud me commoraturum esse.   3. Hic annus ad

interitum (**18, 19**) civitatis (*or* r. p.) fatalis esse videtur.
4. Plerique eum extra culpam (**331,** 9) esse credunt (cf. **44**); nec
quisquam talem tamque bonum civem contra rem p. quidquam
facturum fuisse putat. 5. Aciem ultra Danubium instruxit;
nostri vero, qui jamdudum aliquantum temporis secundum
flumen iter faciebant, prope (*or* juxta) alteram ripam adversus
hostium castra constiterunt. 6. Per me tibi licuit Londinum
ad amicos (*or* ad tuos) domum redire, utrum abieris necne
penes te est. 7. Illud inter te ceterosque interest; apud illos
hic (**338,** *Obs.* 1) propter tot ejus in rem p. merita permultum,
apud te propter hanc ipsam causam plane nihil valet. 8. Filium
tuum videtur ille (**339, iii.**) ad cenam in tertium diem (**326**)
apud se invitasse; ex illo tempore nemo eum amicorum vidit
usquam. 9. Jam in terram expositi (**20, 21,** *a*) erant hostes, et
intra telorum jactum venerant; nostri pila conjicere, et inter
illos ac flumen praeterire conari (or *pres. hist.*). 10. Tanta
fuit eorum in praesens laetitia, tanta in futurum spes, ut nemo
quid re vera fieret (*or* id quod fiebat) suspicatus sit. 11. In
me ille (**334, 3**) vehementissime invectus consedit; cujus ego
adversus longissimam orationem perpauca dixi. 12. Arbores
quae multae proceraeque circa viam stabant praetervectus
(Ex. 5. 13), tandem juxta portam constiti.

11. *Furiosissime* should be avoided (see Ex. 6. 1).

EXERCISE *44.*

1. In hac tanta trepidatione ac tumultu, Imperator a sinistro
cornu cum legatis conspectus est. Jam ab hostium equitatu
securus erat, et adhortantis vox prae laetantium et exultantium clamore vix audire potuit. 2. Vereor ne de exercitu
nostro actum sit; dies continuos decem a re frumentaria
magnopere laboratum est; a fronte, a latere, a tergo instant
hostes; omnes finitimae nationes in armis sunt; nusquam spes
auxilii : equidem vero in his tantis periculis de summa re

desperare nolo. 3. Confestim a proelio (secundum proelium) productos captivos caedunt; a duce incipiunt; nulli parcitur; omnes ad unum trucidantur. 4. A te igitur incipiam ; cives tuos pro aris et focis pugnare fingis; idem prae te fers in fines nostros incursiones eos saepe fecisse, et nullo lacessente (425), nullo repugnante, agrum nostrum ferro et igni populatos esse. 5. Adolescentem hunc a puero notum (188) habeo ; et pater ejus et ipse vivo patre tuo saepissime apud me deverterunt (*or* commorati sunt); nec quidquam ei vel a doctrina vel a natura deesse arbitror. 6. Pro ea quam mihi cives mei demanda-verunt potestate, eos qui bene de r. p. meriti sunt praemiis sum affecturus (283), de ceteris pro delictis poenas sumam. 7. Tibi, quantum in me erit, opem feram, sed vereor ne de spe tua actum sit. 8. Nolim te de spe tua dejicere, sed frater tuus vereor ne infecta re (425) redierit. 9. Fortissimum se, ut (492, v. *b*) in re tam trepida, praestitit, et omnes ei debe-mus pro ejus in nos et in rem p. meritis gratiam referre (98, *b*). 10. Omnes quae in oculis sunt spectare oportet; e rebus futuris pendere nihil prodest.

1. "Midst" need not be expressed : its meaning is scarcely literal, but rather that given in 332, 5, *i*. *Tantus* is often equivalent to "this," with an expressive adjective, such as "dire," "vast," "terrible," etc. ; *dirus* is not "dreadful," except in poetry. *Laetantium :* see 415, *b*, and note the idiom carefully, as also the mode of turning the English metaphor of sound being "drowned." 2. *Summa fuit frumenti inopia* would also be Latin ; but the other phrase is common, and is more idiomatic Latin. *Instant :* why would *minantur* be wrong? "threaten in *words*." *Equidem*, properly only a stronger form of *quidem*, but most rarely used with other than the 1st person, is often used as an emphatic *ego*. 3. *Nulli :* the dative *nemini* is rarely found. 4. *Tecum incipiam* would mean "I will begin *in your company*." 5. *Doctrina*, "acquired knowledge" (Ex. 37. 1). 7. Notice the singular of *spes;* the plural is used in poetry, rarely or never in prose ; cf. *memoria :* as a general rule Latin abstract nouns are more readily used in the plural than English (Ex. 24. 2). 10. *Omnes* is quite enough; as the "us" means "men in general," *nos* would limit it too much, *nostrum* be wrong (297).

EXERCISE 45.

1. Solent isti hos homines, haec instituta, hos mores vitu-
perare, antiquitatem illam desiderare, laudibus ferre ; et tu ipse
haud scio an (*or* potest fieri ut, **170** *and* **64**) in istum errorem
nonnunquam incideris. 2. Maxima est apud me reipublicae dissensio ; hi omnia, illi nihil mutari (*or* mutata, **240**, *Obs.*) volunt;
ego neque hos neque illos recte sentire crediderim. 3. Ab his
ille (*or* adversus haec ille) periculis, ab his terriculis semper
se invictum praestitit ; vos cavete ne majoribus vestris, viris
praeclarissimis, indigni videamini. 4. Hoc certe mihi persuasum habeo, opinionem istam hujus moris vetustatis (**300**)
falsam esse ; unde orta sit tu videris. 5. Satis notum illud
Caesaris, plurimum in bello valere Fortunam. 6. Causam jam
tum dicturus (**418**, *d*) voluit hic cum isto in gratiam redire ; id
quod brevi effecit, me invito (**420**, ii., *and* **426**), repugnantibus
omnibus amicis. 7. Interrogantibus (**415**) cur exulare quam
domi suae vivere mallet, respondit ille nondum posse se salvis
(**424**) legibus redire, regis mortem expectandam esse. 8. Hanc
(**347**) demum veram esse sapientiam dicunt, sibi imperare.
9. Meam ego existimationem pluris quam tu tuam facio, idem
libertatem meam r. p. libertati (**345**) posthabere (**253**, ii.) volo.
10. Qui abhinc viginti annos ne fortissimum quidem hostem
pertimui, is hodie in parum gravi periculo saluti meae ac
liberorum metuo. 11. Interrogantibus cur libidini regiae
obsequi nollent, non eos esse sese responderunt qui dolorem
vel periculum pertimescerent. 12. Ab homine laudatus es,
optimo illo quidem, sed harum rerum (**301**, ii.) imperitissimo.

2. Notice carefully the various uses of *respublica ;* avoid ever using
it in the *plural* for "politics," etc. 9. The English metaphor of
" sacrifice," " victim," can never be turned literally.

EXERCISE 46.

1. Multa nobis incommoda, multae (**49**) molestiae, nostra ipsorum culpa accidunt, nec illud raro hominibus contingit, ut pueritiae peccata jam adulti (**61, 63**) luant. 2. His dictis tribunos centurionesque ad suum quemque cohortem remisit, et quum equites jussisset adventum suum tumulis tectos expectare, concitato equo profectus pedites, qui ad ipsa (**355**, *a*) castra se receperant, voce ac gestu cohortabatur ut (**118**) reversi se sequerentur. 3. Eum te esse credo cui (**247**) cives tui, propter ipsam virtutum (*or* virtutis tuae) opinionem, magistratum mandaturi sint. 4. Regis est non sui solum, sed eorum qui (**175**) sibi successuri sint (*virtual or. obl.*, see **448**), rationem habere. 5. Ipse eum immaturam filii mortem deplorantem (**410**, *Obs.*) audivi ; quam tu calamitatem minimi eum fecisse dictitas. 6. Nostris ipsorum, inquit, aerumnis (*or* incommodis) vix magis quam amicorum moveri debemus. 7. Quum ad suos rediisset, obtestabatur ne inimicissimis suis et ipsorum, qui patrem suum occidissent et ipsos prodidissent, se dederent, sed potius ultima experti in acie perirent. 8. Suo se, non Germanorum, tempore suos ad pugnandum educturum esse ait. 9. Sui et aetatis suae paenitere cujusvis est ; summae vero est sapientiae illud intellegere, quemadmodum praeteriti temporis sanare incommoda, et reipublicae (**59**) vulneribus mederi possimus. 10. Interrogantibus (**346**) quid emolumenti ex (*or* ab) amicis tam multis percepisset, propter se expetendas esse amicitias respondit. 11. Quum consedisset, arcessitos sociorum legatos interrogavit cur in tali tempore et se deserere et ipsorum libertatem prodere vellent.

6. Avoid *tangi* in this sense. **9.** *Vulneribus :* a common Latin metaphor. **10.** Note the use of *percipere*, and the plural of *amicitia* (Ex. **7. 6**).

EXERCISE 47.

1. Cave, inquit, ne cuiquam, ne dicam tuo ipsius fratri, sine aliqua justa causa irascare. 2. Quae calamitas qualis sit ac quanta vix cujusquam est animo concipere; et haud scio an nunquam sanari possit. 3. Potuit iste casus cuivis accidere; sed mihi quovis aequalium nescio quo pacto infelicior fuisse videris (43). 4. Nemo unquam ad ullam ejusmodi (87) virtutem sine divino aliquo, ut dicam, afflatu pervenit, nec quisquam unquam ad tantam (Ex. 44. 1) nequitiam sine ullo sceleris sui sensu descendit. 5. Erant qui (504) nomen ipsum Romanum post Cannensem cladem (58) extinctum iri crederent, nec quisquam putavit e tanta tamque gravi (cf. 88) calamitate rempublicam tam brevi emersuram fuisse. 6. Et mihi quidem, ut verius dicam, videtur haec civitas non sua sponte sed insitiva quadam disciplina doctior in dies (328, c) humaniorque fieri. 7. Civium ejus dixit olim nescio quis natura hunc ignaviorem (57, b) esse ac timidiorem; mihi videtur fortior in dies ac constantior fieri, et laboris cujusvis vel periculi nescio quo pacto patientior. 8. In eo qui Veios circumsedebat exercitu erat Romanus quidam civis. Ei persuasum erat ut cum oppidanorum nescio quo colloqueretur (25). Is eum admonuit tantam exercitui populoque Romano impendere calamitatem, ut vix (unus) quisquam domum tuto esset rediturus.

EXERCISE 48, A.

1. Alia (54) alii sequuntur homines; horum fratrum alter iisdem studiis atque artibus quibus pater suus dedit operam, alter admodum adolescens ad remp. accessit. 2. De hac re aliter tu atque ego judicas; potuisti bonum te civem praestare, et in civitate libera liber (*or* cum libertate) vivere; iis quas

libertas habet laboribus ac periculis divitias ac voluptates praetulisti. 3. Hi omnes, alius alia ratione, de genere humano (*or* hominibus) bene meriti sunt; omnes ceteris prodesse quam sibi consulere maluerunt. 4. Alius aliud appetimus; divitiarum alii, alii voluptatis (*or* -tum) studiosi sunt; in magistratibus habendis (obtinendis) alii, in potestate, in r. p. procuratione, alii denique in favore, in gratia, in auctoritate, vitam beatam ponunt. 5. His auditis, alius alium intueri milites, quid se imperator facere vellet (**165**) mirari, cur sibi potius quam ipsi irasceretur. 6. Tu me (**334**, ii. iii.) altero quoque verbo collaudas; idem summae perfidiae incusas; velim memineris aliud esse vera, aliud jucunda dicere. 7. Jam hostes diversi fugere; ceteri abjectis armis ad unum capti sunt; fugientium plerique occiduntur (**179**), pauci iram hostium deprecantur, nulli parcitur (*or* pauci ut sibi parcatur poscunt, impetrat nemo). 8. Constitimus plerique, alius alium taciti intuentes, quis nostrum primus locuturus foret mirati, ego autem atque Laelius, alter alterum expectantes, conticescebamus. 9. Duobus comparatis exercitibus, uno hostium castra aggrediuntur, altero urbem custodiunt; illi infecta re redeunt, hos subitus invasit pavor; itaque utrinque res infelicissime gesta est.

1. *Studium* (see Ex. 32. 2) is often used of a special or favourite pursuit, as opposed to the routine of active life. "Studies," is here represented by *artes.*

EXERCISE *48*, *B.*

1. Poetam, quem singuli neglaximus (*or* neglegebamus, *the habit*) universi laudamus. 2. Stat a nobis optimus quisque ac sapientissimus (*or* stant . . . boni omnes ac sapientes), et quos diligimus admiramurque eos eadem quae nos sentire cupimus. 3. Ut quisque plurimum civitati prodest, ita apud cives maximi fit (*or* quo . . . plus . . . eo . . . majoris); miles hic fortissimus, reipublicae fuit idem gubernandae peritissimus;

utramque igitur ob causam summa laude et honore florebat.
4. Persaepe fit ut quanto quisque stultior est ac rerum imperitior
tanto sit loquacior pertinaciorque.   5. Tritum illud (341),
levissimum quemque aliud alio tempore (*or* alias) appetere.
6. Jam satis apparebat (46, *c*) hostes primo quoque tempore
castra nostra aggressuros fore, eosdem occasionem idoneam
expectaturos. 7. Qui universis nobis salutem attulit, eum
singuli deserimus destituimusque.   8. Persuasum sibi habere
credo optimum quemque, nullo modo fieri posse (125, *f*, *and*
200) ut cunctando differendoque quidquam efficiamus ; ut
(Ex. 37. 5) pro certo sciam properato potius quam consulto
(286) opus esse.   9. Aegre illud (341 *and* 237) civibus per-
suasit, hostes nihil fere singulos posse, conjunctos plurimum.
10. Tum cuncti, pro se quisque interroganti responderunt ;
hoc facto (420) plerique senatum orare, universos singulos-
que obtestati, ut consules primo quoque tempore alter ambove
sibi succurrerent.

EXERCISE 49.

1. Aut exulandum ei ultro fuit, aut in acie pereundum,
aut quidvis potius quam hoc faciendum.   2. Nonne eis quibus
gratiam debemus (98, *b*) agendae gratiae ?   3. Imperandum
fuit militibus ut (a) caede desisterent (*or* jubendi fuere milites
. . . desistere), ne quem inermem trucidarent (ne in inermes
saevirent); feminis certe puerisque, ne aegris dicam sauciisque,
parcendum erat.   4. Quominus tuum ipsius caput periculis
objicias non recuso (136), militum vero saluti in hoc tempore
cavendum est (248).   5. Hoc tibi, homini prudentissimo,
faciendum fuit, neque illud praetereundum.   6. Quum videret
sibi aut pedem referendum esse, aut cum haud contemnendo
hoste die postero confligendum, statuit (45) aciem instruere
et statim pugnare.   7. Neque ei audiendi sunt qui amico,
qui assentari nobis adularique nolit, irascendum esse dicunt.

8. Filio tuo, homini insipienti, persuaderi non potuit ut fateretur rem vel obliviscendam esse vel in oblivionem venire posse. 9. Omnibus aliquando moriendum erit ; sed commune illud omnium fatum quando cuique et quemadmodum obeundum sit, ne sapientissimus quidem hominum aut praesentire aut praedicere potest. 10. Videmini ad me cuncti in regiam domum duas ob causas convenisse ; partim vestri purgandi causa, partim mei consulendi ; occasione igitur utendum est, et rege praesente oranda causa.

1. *Ei*, if mere reference to some one already mentioned (**336**), otherwise *illi* (**339**, iii.). 2. "We" need not be expressed, if it is a general maxim. 3. If *jubendi* is used, it will not extend to the negative clause, and *vetandi* must be inserted with the infinitive, or *edicendum ne*. 8. Cf. *in suspicionem venire* as passive of *suspicari* (Ex. 40. 2).

EXERCISE 50.

1. Hi ad castra nostra, sui laudandi, incusandi vestri (Intr. 107) causa, venisse dicuntur ; nunc, tibi placando, sibi crimine gravissimo purgandis, dant operam. 2. Res nullo modo est differenda ; hoc ipso vobis die decernendum est, utrum evertendae ea reipublicae sit an conservandae (*or* pertineat ad ...). 3. Adeo in ipsa victoria mitem se ac clementem praebuit, ut dubitari possit utrum plus favoris inimicis ignoscendo an sublevandis amicis consecutus sit. 4. Dubitari non potest quin patriae potius quam sibi consulendo, quin amicorum commodis sua posthabendo, et sicut animo suo ita linguae moderando (**249**), hic juvenis maximum quemque natu facile vicerit. 5. Omnem quam templis diripiendis, singulorum bona publicando, pecunias civitatibus imperando (**247**), praedam nactus erat, secreto exportandam curavit. 6. Audendo (**82**) aliquid (**360**) et instando, non cunctando cessandoque, nec multa disserendo, pauca faciendo (**53, 54**), ea se quae ad id temporis effecissent (**77**) effecisse dixit. 7. Ego insectandi hostis

auctor fui, ne quod ei respirandi spatium, neve ulla sui
colligendi, vel cognoscendi qui et quot eum aggrederentur,
facultas relinqueretur.

1. Notice how rarely *crimen* is used for "crime" in prose. 3. *Ipsa*
(**355,** *b*) exactly corresponds to our more rhetorical and picturesque
"hour of." *Triumphus* is not triumph in the sense of "victory;" but
the half religious half military ceremony that was decreed to a general
after certain victories. 6. *Se,* "because they" includes the speaker.
7. Notice the very common use of *auctor* with a genitive in the sense
of "adviser," "suggester," cf. Ex. 22. 5.

EXERCISE 51.

1. Legati ab Atheniensibus Olynthum ad Philippum
injurias civibus suis factas questum venerunt. 2. Massiliam
ad patrem ludos spectatum profectus (est, sed) his paucis
diebus, dum iter facit (*or* iter faciens) a sicario interfectus est.
3. Vos intra castra manete ut cibum ac quietem et reliqua
omnia, quae vobis opus sunt, capiatis; nos qui pugnando minus
fatigati sumus—nonne enim recentes atque integri secundum
proelium (*or,* confecto jam proelio) advenimus?—frumen-
tatum ac pabulatum exeamus. 4. Iram vestram deprecatum
ac pacem flagitatum venimus; magnopere speramus ea nos
quae petimus consecuturos esse. 5. Romam ad senatum
legatos misit victoriam populo Romano gratulatum. 6. Incredibile dictu est, quam saepe te quamque vehementer ne
(**118**) isti homini fidem haberes monuerim. 7. Haud facile
dictu est utrum huic homini parcendum sit, et ipse cum sociis
incolumis dimittendus, an statim aut interficiendus sit aut in
vincula conjiciendus.

EXERCISE 52.

1. Num (**155,** *b*) igitur repugnantibus et tela in nos conjicien-
tibus parcendum erit? 2. Num his etiam repugnantibus
parcendum est? 3. Quaerentem te semel ac saepius (**533,** *c*)
audivi num domum meam redituri essemus an Londinum ad

patrem tuum ituri.   4. Urbem cunctam laetantium exultan-
tiumque clamoribus personantem (**410**, *Obs.*) audivi.   5. Quum
ab India senex rediisset domi suae (**316**, iii.) excessit vita ;
aegrotantem ac deficientem circumstabant filii nepotesque,
morieṇtis vultum maesti intuentes, et futura praesagientis
verba memoria retinebant.   6. Querenti (mihi) fidem eum
fefellisse, nihil se ejusmodi fecisse respondit, sed tanti illati
damni paenas darc velle.   7. Milites tota urbe tela jactantes
vidi, laetantium triumphantiumque (*used so occasionally, or*
exultantium) voces audivi ; nuntiatae victoriae manifestissima
indicia cognovi.   8. Regi ad pedes projecti (**411**) fidem ejus
implorabant, ne homines neque ad id temporis nocentes et
maxime olim r. p. profuturos certissimo exitio traderet.
9. Quum navem Neapoli conscendisset, saluti suae suorumque
diffisus, Massiliam ad patrem meum confugit.   10. Et lau-
dantis et increpantis verba prae indignantium clamore, et
acclamantium convicio ac maledictis, audiri non poterant.
11. Meis ego auribus diffisus (*or* quum diffiderem), nescio
quem propius ei adstantem interrogavi num recte audivissem ;
is interroganti recte me audisse respondit.   12. Nonne te
omissi incepti, deserti amici, violatae fidei pudet paenitetque ?

1, 2. *Erit* or *est*, according to the context (**190**).   5. *Memoria* (like
spes) not used in the plural (Ex. 44. 7) ; *animis* may be substituted.
8. *Neque . . . et, et . . . neque*, are common combinations in Latin.
9. *Confugere* is the regular word for to "fly to *a certain point*," hence to
fly for refuge.   10. *Acclamare* should be looked out.   12. Notice this
additional mode of substituting some phrase for the verbal English
noun.

EXERCISE 53.

1. Tum salutato hostium duce ad suos conversus, subditis
equo calcaribus, Germanorum ordines praetervectus est, neque
expectatis legatis, nec respondente ullo.   2. Me auctore (**82**)
ne (**101**, ii.) vox te viresque deficerent, inceptam orationem

paulisper intermisisti.   3. Equidem quum timerem (*or* veritus
413) ne gloria ac laudis studium parum apud te valerent,
omissis istis, alia ratione animum tuum flectere conatus
sum.   4. Haec omnia auctore (*or* suadente, *or* monente)
fratre tuo fecit, nullo neque accepto neque sperato praemio.
5. Peropportune mihi accidit te invito ac dissuadente, ne
adversante dicam ac repugnante, committenti praelium, ut ne
uno quidem amisso milite, perpaucis vulneratis, victoriam
consecutus sim (*or* quod . . . sum, **487**, *a*).   6. Quum castra
nostra aliquot horas oppugnassent barbari, adeo aestu ac siti et
lassitudine fatigati sunt ut, amissis plus (**318**, *Obs.*) mille (**528**)
ducentis, incepto desisterent et re infecta domum redierint.
7. Te auctore, me non solum invito sed adversante, sed
repugnante, sed fidem Deorum hominumque implorante, civibus tuis persuasum est ut universum populum (*or* civitatem)
indicta causa condemnarent.   8. Hoc mihi persuasum habeo,
te hanc legem salva republica perferre non posse.   9. Me haec
dicente, nuntiatus hostium adventus et allatae a rege litterae
audientium animis et iram incussere et pavorem ; erant autem
qui (**504**) properato opus esse rati, arreptis armis hosti obviam
descendere contenderent.   10. Te superstite et incolumi liberos
meos nunquam orbos fore pro certo habeo.   11. Te duce arma
sumpturus fui, sed comperto te aegrotare, domi remanere nec
certamini isti me immiscere decrevi.

1. *Ullo :* the masc. ablative *quoquam* is rarely used.   7. This repeti-
tion of *sed* for emphasis is very common in Latin. Of course "heaven
and earth" must not be rendered literally in prose (see **17**).   8. For
difference between *ferre* and *perferre legem* see Latin Dictionary.
9. This insertion of *animis* has been already noticed (see Ex. 40. 2).
11. *Remanere*, "to remain" in the sense of "to stay behind."

EXERCISE 54.

1. Quae quum ita se haberent, excedere urbe noluit, et id
se facturum esse palam, ipso praesente praefecto, negavit.

2. Quum e via languerem, totum diem domi manere et nihil
agere decrevi. 3. Ubi primum, edito ex summa arce signo,
primum hostium agmen adventare sensit, nocte ac tenebris usus,
patefacta repente porta, ferox (61) in medios erupit. 4. Ubi
primum expositas hostium copias accepit, quum domi securus
manere posset (431, *Obs.*), arma sumere decrevit et quantum in
se esset (77 *and* 447) illatum bellum propulsare. 5. Quum
videret nihil apud regem valere preces suas et obsecrationes,
finem dicendi fecit; qui simul atque (*or* ubi primum) conticuit,
patefactis subito foribus, duo introducti sunt milites, uterque
(373 *and* 378) cum gladio. 6. Quum urbis vestrae oppressae
atque afflictae portas ingrediebatur (433) hostis, nemo tum
vestrum ne ingemuit quidem; quum his pejora acciderint
(190, i.), ecquem vestri miserebit? vereor ne frustra fatum
istum comploraturi sitis. 7. Cum ejusmodi aliquid audi-
verat (434), dicebat (184) continuo a vicino aliquo rem fictam
esse. 8. Quemcunque (*or* ut quemque) victori plaudentem
viderat, vituperabat, et ne patriae hostibus gratularetur
hortabatur. 9. Quintus hic est annus (*or* quinque sunt anni
432, *Obs.*) cum hostis tota Italia victor volitat, exercitus nostros
occidione occidit, exscindit arces, incendit urbes, agros vastat
populaturque, sociorum denique fidem labefactat; quum subito
mutata rerum facie legatos mittit, pacem se otiumque ac
nostri populi amicitiam desiderare simulat (*or* fingit, Ex. 11. 9).

1. Notice the difference between *nolo*, though often="refuse," and
nego (136, *a*). 2. *E via;* *e (ex)*="just after," "fresh from," so *statim
ex praelio*, immediately after the battle. 3. *Nocte ac tenebris*, so *scelus
ac furor* for "frantic crime," *juventus ac vires* "youthful strength."
Ferox, though not used in praise, is never equal to "ferocious" (Ex.
15. 11). 4. Notice carefully the use of *quum posset*="instead of," and
quantum in se esset often equivalent to "endeavour to." *Propulsare*,
this and other similar phrases often="to stand on the defensive."
7. *Continuo*, look out in Latin Dictionary; illustrate from Virgil. *Rem:*
avoid the use of *fabula* in such passages (see Latin Dictionary).

EXERCISE 55.

1. Tibi honorem habere vel maximum volo, dum (439) omnia invidorum meorum (51, *a*) maledicta et obtrectationem tantidem (305) velis facere quanti debes.   2. Quae tantula (cf. 88, *Obs.*) equitum manus, contra sinistrum hostium latus immissa, tantum omnibus injecit pavoris ut, dum rex legatos quid fieret (179) percunctatur, in ipsa media acie trepidari coeptum sit (219); priusquam pejora nobis acciderent (442) nox intervenit ; ut utrimque pugnari desitum fuerit.   3. Priusquam certaminis quod tanta nobis caede (280, *Obs.*) constiterat fructum perciperemus, alter (368) subito intervenit exercitus, ut dum imperator noster in tabernaculo suo dormit, redintegrandum fuerit proelium.   4. Civibus ille suis carus erit, dum erit (192, ii.) haec civitas, nec ex animis hominum prius (443, i.) excidet memoria ejus, quam omnia in oblivionem venerint.   5. Tum demum ad r. p. se contulit, quum mortuo patre poterat (433) ad optimatium (51, *note* 4) partes se adjungere, id quod jam diu facere studebat.   6. Quidlibet (359) audeant, modo ne eorum, penes (331, 15) quos procuratio est reip., auctoritati potestatique noceant.   7. Ego te, quamdiu his rebus propter se dare operam credidi, tamdiu summo in honore habui ; nunc tanti te facio quanti fieri debes.   8. Dum qui exercitibus nostris praefuturi sunt, vel casu, vel propter gratiam eligentur, respublica nullo modo prospere geri poterit.

1. Note the phrase *honorem habere ; te in honore habere* (below, 7) ; also the *intensive* use of *vel* with a superlative (Roby, 2221) ; *invidi* is used by Cicero precisely as a substantive.   Note the wide uses of *tantus, quantus*, cf. 490, i. and 497 with *Obs. ;* for mood of *debes* cf. 108, *ad fin.*   2. Note absence in Latin of any adjective for "universal" (cf. 59).   3. Avoid the Latin word *scena* (see Latin Dictionary).   4. *Excidet :* *morietur* would be intolerable in Latin, the metaphor too strong for a language which does not admit of nearly so much vividness of figure as our own (cf. 17).   5. Avoid *patricii* for *optimates ; patricius* denoted a distinction long since obsolete in the days of classical Latin.   *Plebs* and *plebeius* were still freely used.   *Ordines* for "ranks" would have too

REVISED BY G. G. BRADLEY.

literal a sense, and suggest that the *optimates* were drawn up in battle array. 6. Notice once more the proper force of *auctoritas*. 7. Notice *dare operam* for "study." *Studere* is used with a dative (*e.g.* by Caesar) for to give "attention to," "be zealous in ;" for its modal use see above (5). 8. *Gratia* is constantly "interest with *the powerful*," opposed to *favor*, popularity with *the masses;* illustrate from Horace. *Respublica geri:* this phrase is common, with an adverb, in Livy, *of military services* to the nation.

EXERCISE 56.

1. Tum ad Cortesium conversus (413) vehementissime in Hispanos invectus est, qui in fines suos sine ulla justa causa arma (*or* bellum, *or* infestum exercitum) inferrent et cives suos in defectionem aut invitarent aut cogerent. 2. Ne cuiquam parceretur edixit (128), qui vel necandis captivis vel legatis violandis (417, ii.) interfuisset. 3. Tum regulus, vir fortis et intrepidus (224), circumstantibus undique armatis, ad victorem conversus suorum timiditatem increpuit, qui se Hispanis dedendo libertatem ac dignitatem, res pretiosissimas (222, *Obs.*), projecissent. 4. Non prius (443) se urbe excessurum pollicitus est, quam omnes qui ex hesterna caede superessent incolumes (61) intra muros duxissent. 5. Quaesivit ex eis qui multi circumstabant num, qui regem suum salvum vellent (240, *Obs.* i.), se sequi et omni adhibita celeritate ex eis qui fidem ac jusjurandum violassent poenas vellent sumere. 6. Quum ad summum montem pervenisset, convocatis ad se legatis fluvios ostendit qui Italiam versus defluerent. 7. Negavit se commissurum ut iis fidem haberet qui non solum ignavos se atque infidos praestitissent, verum omnia etiam tum, in tali reipublicae tempore, commodis suis atque utilitatibus posthabituri essent.

1. *Justus* often used in sense of "due" or sufficient in amount (see Latin Dict. for good instances). *Inferrent:* avoid the use of *invado* in this sense (see 1, 19); the true sense of *rebellio* has been already pointed out (Ex. 25 B, 5). *Qui in fines* suos ; here, as often, the *suus* refers to the subject of the main sentence (see 353). 6. *Versus* is always placed after its case. 7. Notice common phrase *committere ut*, never used however except with negatives or virtual negatives, *non committam ut*, etc.

EXERCISE 57, A.

1. Tu, si me amas, fac (141) litteras ad me Romam (315) mittas. 2. Si domi es—num redieris nondum certo scio—spero me brevi litteras a te accepturum esse. 3. Haec si tecum patria loquatur, nonne impetrare debeat ? 4. Redargue me, Metelle, si mentior; vera (458, *Obs.*) si dico, cur fidem mihi habere dubitas ? 5. Qua mercede etiam si virtus careat, tamen sit se ipsa contenta. 6. Dies me deficiat, si omnia illius (339, iii.) in rempublicam merita enumerare coner. 7. Si quisquam unquam inanem gloriam et sermones vulgi parvi fecit, is ego sum. 8. Quod si quis hoc a te petat, jure irrideatur (253, iii.). 9. Ad rempublicam si accedere vis, ne dubitaveris me amicorum in numero habere. 10. Quod si vir fortis ille, *or* iste (338, *Obs.* 2), fuisset, hoc certamen nunquam detrectasset. 11. Quod si quam vel salutis tuae vel rei familiaris rationem habes, cave ne cuncteris (*modal use* 42) cum victore in gratiam redire. 12. Regnum vero si appetis, cur civili sermone uteris, cur civium arbitrio ac voluntati omnia te posthabere simulas ?

1. *Tu* (*vos*) is often inserted thus at the beginning of a request or command ; cf. use of *ego*, 334, i. 3. *Debet* might be used here in accordance with 461. 5. *Careat*, see 25. 6. *Dies* means here the day on which he is speaking—but it is also used in the sense of lapse of time, in such phrases as *dies luctum mitigabit.*

EXERCISE 57, B.

1. Quod si cum veterano exercitu in fines nostros bellum intulisset hostis, et tironem exercitum (223) fudisset nostrum, nemo hodie superesset Germanus. 2. Quod ego (334, iii.) certamen si detrectavero, vel timidum me et ignavum si praebuero, tum tibi si libebit ignobilitatem mihi meam objicias licebit, tum demum turpissimum me hominum, si voles, atque abjectissimum dicito. 3. Napoleo vero si (semel) exercitum suum Rhenum (229, *Obs.*) trajecerit, vereor ut (138)

quisquam (358) ei cis Vistulam obstare possit. 4. Quod si
satis hodie pugnatum est, milites ad sua quemque signa
revocemus, et meliora in diem crastinum speremus; cras si
manifestum erit (*see* 64) non jam resisti posse, tempori
quamvis inviti (61) cedamus, et sibi quemque consulere (120)
jubeamus. 5. Quod si, cum Romam perveneris, litteras a me
accipere voles, fac prior ad me scribas. 6. Italiam, inquit,
cum perventum erit, aut Romam vos, si voletis, statim ducam,
aut, cum opulentissimas urbes Mediolanum ac Genuam diri-
piendas (400) tradidero, domum, si maletis, praeda ac spoliis
onustos mittam. 7. Nostrorum si quem ex agmine pro-
currentem viderant (455), aut a suis relictum, in eum omnes
tela conjiciebant. 8. Properato, inquit, non consulto, nobis
opus est; quo si maturius usi essemus, bellum nobis hodie
esset (458) nullum. 9. Qui, si per te licuisset (331, 16, *c*), et
viverent hodie et communem r. p. causam ferro (armis) susti-
nerent. 10. Heri si a me quaesisses num (167) fratrem tuum,
hominem (224, *Obs.* 2) nequissimum, timerem, timere nega-
vissem (162) ; adeo me haec nuntiata (417) clades sollicitum
habet, ut si idem quaeras (162) timere me respondeam.

9. *Si . . . licuisset:* this phrase may often be preferred to *sino* (with
inf.) or *permitto ut,* for the English, "allow," "permit," just as *id agere
ut,* or *quantum in me (te) est,* to *conor* (Ex. 54. 4).

EXERCISE 58, A.

1. Quod si tibi ille (334, iii.) admonenti (415, *a*) obtem-
perasset, si omnia (53) tacitus pertulisset, idem tum quod (84)
hodie eventurum fuit. 2. Quod si in magistratu eodem esses
anno quo pater meus, si eandem quam ille reipublicae (59)
tempestatem expertus esses, si non eandem quam ille animi
moderationem, at tamen eandem (*or,* eandem certe) fortitudinem adhibiturus eras. 3. Quae ego si eo consilio (107)
dixissem ut et prodessem illi et placerem, tamen maledicta
ejus ac contumeliae perferendae mihi erant. 4. Quae pater

tuus si idcirco dixisset ut tibi displiceret, tamen meminisse
te oportuit patrem eum esse, et iracundiam ejus aequo animo
tacitum pertulisse. 5. Haec mihi, si eodem quo tu loco natus
essem, facienda fuere (*or* haec mihi ratio . . . ineunda fuit);
Deorum beneficio factum est (*or* peropportune mihi accidit)
ut tantum oneris (**294**) nunquam mihi suscipiendum fuerit.
6. Quod si qualis pater fuerat (**85**) talis fuisset filius, potui
animum (Ex. 15. 9) ejus precando orandoque flectere (**190**);
nunc vero tam inhumanus est, tam crudelis, ut omnes eum si
(**458**, *Obs.*) homines exorare vellent, nemo impetraturus fuerit.
7. Quod si me prius videre quam urbe excessero voles, ad
patrem tuum velim scribas, ne (**122**, *c*) me prius ad exercitum
vocet quam tu (**11**, *b*) Romam veneris (**190**, *Obs.*). 8. Quod si
tibi persuasum est ut peccata ei condonares (**247**), neve tot
ejus delictorum poenas sumeres (**105**, *note*), num quisquam id
tibi vitio (**260**, 2) vertat, vel clementiam tibi tuam ac
lenitatem objiciat? Satius fortasse fuit non exorari; sed
aliud (**370**) est errare, peccare aliud.

2. For the very various meanings of *officium* (**18**, **19**) see Lat. Dict.
Tempestatem ; this metaphor is as common in Latin as in English, hence
r. p. *gubernare*, the origin, through the French, of the English "to
govern." *At tamen:* great attention should be paid to the *caution*
(**466**). The tendency to disregard it is favoured by its incessant viola-
tion in modern Latin. *Adhibiturus :* this word is generally "to take
to oneself as aid," "call in" (illustrate from Virgil); hence to "use,"
"practise;" avoid *exhibeo* in this sense. 4. *Et* not required before
tacitum, as it (an adjective) and *aequo animo* (an adverbial phrase)
qualify the verb in different ways and are not precisely co-ordinate.
6. *Nunc vero* is often used, as the Greek νῦν δέ, to express the *actual*
as opposed to some *imagined* or *imaginary* state of things. *Impetro*
of course only means "I prevail" by prayer or entreaty.

EXERCISE 58, B.

1. Quod si post diem septimum non (**464**) redieris, tuae
ipse causae magnopere nocebis. 2. Neque ego haec scriberem,
(*at the time when I was writing*), nisi mihi persuasum esset

patrem tuum eadem (54) quae ego de hac re sentire. 3. Vir
fuit summo ingenio, optimis moribus (*or* summa virtute),
loco natus si humili at tamen (466) honesto. 4. Haec, quae
peto (176), si impetravero, maximam habebo gratiam (98, *b*) ;
sin minus, aequo, quantum in me erit (54, 4), feram animo.
5. Mane iste pollicitus est, ac jure jurando se obstrinxit,
nunquam se, nisi victorem, ex acie rediturum, eundem ipse
vesperi hortis inambulantem vidi, vultu si minus hilari at
tamen immoto (407, iii.) ac tranquillo. 6. Quae sentit (176),
quae vult, eloquatur omnia ; dum in futurum taceat, quid in
praesens dicat (166) parvi refert. 7. Quae petis impetrabis ;
sed ita ut statim abeas, neve unquam posthac redeas.
8. Consultone abfueris an casu, tua refert (310, i. *and* iv.), et
ad existimationem tuam haud parvi interest ; nobis illud est
judicandum, abfuerisne an adfueris ; quod si tum cum pugnabatur aberas, sive consulto id accidit seu forte ac casu (*see*
Ex. 54. 3), omnium (59) sententiis condemnabere, idque
merito ; nunquam enim castris excedere debuisti. 9. Hoc
(54 *and* 237) mihi utrum gratificaturus sis necne, nondum scio,
sed sive gratificari mihi voles sive noles, propter tot tua officia
gratiam et habebo semper, et, si potero, referam. 10. Quae
rogatio utrum e republica sit, an contra rem p., dubitari
potest ; sed sive e r. p. est sive contra r. p., illud ausim dicere,
adeo eam esse civitati in hoc tempore, si minus necessariam,
at tamen salutarem atque utilem, ut optimo cuique (258, ii.)
probatum fuerit.

2. *Neque* for *non*, common at the beginning of a Latin sentence, to
connect what follows with previous matter (541, *Obs.*). 6. "Again,"
or "more," with "never," or "ever," is *posthac* from the point of view
of the present moment, otherwise *postea.* 9. Note sense of *officium ;*
illustrate by examples.

EXERCISE 59.

1. Num putabas, ceteri si aut ferro aut fame interissent
(471) omnes, te unum salvum fore ? 2. Vereri se, nisi vellet

omnia quae rex imperasset (471) facere, ne sibi ad patriam
redire nunquam liceret. 3. Facile se egestatem suam
suorumque laturum ait, si indigna hac suspicione liberatus
fuerit (Ex. 27. 4). 4. Quantum esset et quam repentinum
id discrimen monuit; vincere eos posse, si fortes se viros et
majoribus (51, *n.* 5), dignos praestare vellent; quod si dubi-
tassent vel cessassent, finitimas nationes brevi omnes in armis
fore. 5. Hoc sibi persuasum habebat (240), barbaros, qui
montes eos jam diu infestos haberent, si semel oppressisset,
fore ut sibi militibusque suis iter in Italiam pateret. 6. Hanc
rem se unquam vobiscum (253, iv.) communicaturum fuisse
(193, v.) negavit, nisi patri suo domo proficiscens pollicitus
esset, nihil se vos, homines amicissimos, celaturum esse (230,
231). 7. Illud sibi persuasum se habere (515, *note*), te, peri-
tissimum ducem, nisi veterano exercitui praefecissent, futurum
fuisse ut ante diem septimum (*or* intra dies septem (325))
urbs expugnaretur. 8. Quod tam nefarium facinus nunquam
se tibi condonaturum fuisse dixit, nisi pater tuus, exactae
aetatis homo, sibi ad pedes projectus, ut tibi parceret orasset.

4. Note the right use of the verb *cessare* (illustrate from Virgil or
Horace) and of *natio* (Ex. 6. 14).

EXERCISE 59, B.

1. Si Romae es, vix ibi esse puto, sin es, ad me velim
scribas quamprimum. 2. Hostis si ad urbem pervenerit,
atrox caedes timenda erit. 3. Epistolam Caesaris ad te
misi, si legere velles (474, *b*). 4. Nullo modo fieri posse affir-
mavit ut vincerent Germani, si ante novam lunam praelium
commisissent (471). 5. Si paulum adniti vultis (454, i.),
urbem capietis. 6. Si paulum adnisi eritis, urbem capietis.
7. Urbem eos, si paulum adnisi essent (471), capturos esse.
8. Cum finitimae nationes famae ejus omnes inviderent,
sensit se suosque, si semel arma tradidissent, certae inter-

necioni destinari. 9. Quod (**458**, *Obs.*) si quid secus acciderit, a te rationem reposcemus. 10. Vim ei atque omne supplicium denuntiavit si in Curiam venisset (**474**, *a*). 11. Mirifica sane fuit oratio, quam ego neque imitari possim si velim, neque fortasse velim si possim (**453**, Rule II.). 12. Grave supplicium edixit Dictator si quis injussu suo pugnasset (**474**). 13. Metuebant, ne, si infecta re discessissent (**471**), omnia, quorum causa sumpsissent (**448**) arma, perderent. 14. Jam (*or* tum) demum intellexerunt, se, si illo auctore a populari parte deciscere et ad nobiles se adjungere voluissent, si minus (**466**) vitas suas, jura certe ac libertatem amissuros fuisse. 15. Quae si feceris, fieri poterit ut damnum aliquod capias ; si non feceris (**465**), dubitari non poterit quin inhoneste feceris ; utrum mavis, tu videris. 16. Militiam si quis subterfugerit, ignominia notabitur ; quod si quis sibi metuit, ab armis statim discedat et patria incolumis cedat.

2. *Atrox* should be used for " dreadful ; " *dirus,* so common in poetry, is in prose confined to the sphere of religion. 9. For this meaning of *secus* see Latin Dictionary. 10. *Omnis* is often used in this sense. 14. *Si minus* often followed by *certe* as expressing something *less than* the first proposal ; *at tamen* something *different.* 15. Use *quae* (plural) to avoid any ambiguity in the use of *quod* (**458**, *Obs.*). 16. For the use of *notari, nota,* see Latin Dictionary.

EXERCISE 60.

1. Quem etsi facti hujus neque poenitet neque pudet, tamen sceleris sui poenas mihi persolvet. 2. Cujus culpae quamvis (etsi) ignosci non posset (**219**), tamen tot ejus in remp. meritorum ratio tibi habenda fuit (**461**). 3. Quem quamvis (**480**, *Obs.*) nocentem, quamvis sceleratum, nemo tamen absentem reum facere, et incognita causa condemnare debet. 4. Qui quanquam et nocentissimus est et gravissimo supplicio dignissimus, tamen facere non possum (**137**, *j*) quin hanc ejus

afflictam et abjectam fortunam cum pristina illa (339, i)
felicitate atque gloria conferam. 5. Tametsi miserum est
innocentem in suspicionem atque crimen venire, tamen melius
est absolvi innocentem (97) quam nocentem non accusari.
6. Qui quamvis fuisset sceleratus, quamvis omni condemna-
tione dignissimus, melius tamen fuit nocentes decem absolvi,
quam unum innocentem condemnari. 7. Cui quanquam
(quum) principatus atque imperium omnium civium sententiis delatum fuit ac mandatum, diu tamen remp. attingere
noluit, et unus meis temporibus ad summos honores invitus
et fere coactus pervenit. 8. Quo metu liberatus, brevi tamen
in pejoris flagitii suspicionem veni, et nisi tu mihi subvenisses,
inimicorum odio et insidiis fortasse oppressus essem. 9. Te
vero, tametsi tot mala perpessus es, fore aliquando non solum
felicem, sed etiam—id quod rarius hominibus contingit—
beatum fore, credo.

4. *Felicitas* never happiness, see **98**, *b*, and 9 in this Ex. 7. *Attingere*,
"to touch (even) lightly," "to take *any* part in;" *unus*, see **529**, *b*.
8. *Fortasse* answers to the obvious meaning of "might" here.

EXERCISE 61.

1. Idcirco (483, *Obs.*) propinquum tuum, hominem optimum
ac mei amantissimum (407, ii.), juvenis non multum amabam,
quod inconstantiam ejus ac levitatem ferre non poteram.
2. Itaque pessimo cuique (*or* improbis omnibus) odio sum
(260, *Obs.* 2), quia communem reip. causam ultimus omnium
sustinui, et quia victori assentari (253, i.) dedignatus sum.
3. Gratiae mihi a senatu populoque actae sunt quod solus de
r. p. non desperassem (484, *b*). 4. Vix fieri potuit quin in
civium odia incurreres, non quo id commisisses ut patriam
proderes, sed quod pacis, necessariae illius quidem sed molestae
et ingratae, auctor esse audebas. 5. Patrem tuum, virum

fortissimum, omnes in honore habebant, quod delatum sibi ab omnibus regnum (17) liberandae civitatis veriori ac magis solidae gloriae posthabuit (253, ii.). 6. Etsi omnes mihi irascuntur quod eis qui patrem meum occiderint ignoverim, illud (309, *Obs.* 1) tamen nunquam me pudebit, quod victis victor pepercerim. 7. Quod (487, *c*) mihi etiam nunc succenses, quod abhinc (324) sex annos absenti tibi nocuerim, et emolumentis meis tua commoda posthabuerim, nullam aliam ob causam id crimen diluere (*or* a me removere) volo, quam quod amicitiam tuam expetendam habeo. 8. Et jam, quamvis ab omni ejusmodi (87) turpitudine alienissimus (265), summa apud omnes (331, 4) invidia flagrabat, quod et hosti pecunias maximas suppeditasset, et magistratum, quem ei populus mandavisset (247), quaestui turpissimae (260, 3) habuisset; quanquam (479, *Obs.*) nemo unquam ab ejusmodi flagitio magis abhorrebat.

1. Why not *multo ?*—279, caution. 5. *Liberandae* implies that the freedom was not yet won, otherwise *liberatae.* 8. *Invidia flagrare* is a common metaphor in Cicero.

EXERCISE 62.

1. Milites vero, cum jam ad summum montem pervenissent, et maximam infra planitiem, fertilissimum agrum, urbesque opulentissimas (57, *a*), subjectas oculis viderent, circa imperatorem congregari, et quasi omnia jam quae obstarent (447, *Obs.*) superaverint (495), debellatam Italiam (cf. 247) gratulari. 2. Longe aliter ille atque (491, *b*) vel ego speravi vel tu expectasti se gessit. Nam contra quam (491, *b*) persaepe pollicitus erat, et quasi veterem necessitudinem, quae inter ipsius patrem meumque jamdiu erat (181), nihili faceret (495), adeo non mihi in adversis rebus subvenit, ut amicitiam meam contumeliose repudiaverit, et semel atque iterum (533, *b*) fidem implorantis nullam ad hunc usque diem rationem habuerit. 3. Cum pugnandi tempus venerit (190, i.) pro eo (491, *a*) ac

E

debebit (190, ii.) unusquisque (529, c) vestrum rem gerat, et
perinde ac quisque meritus erit, ita cuique eveniat.   4. Omnia
(or quidvis, 359) nobis potius perferenda sunt, quam in hac
re aliter ac (491, b) polliciti sumus faciamus (493, Obs. i).
5. Conditionibus quamvis (480, Obs.) iniquissimis standum
est, potius quam fidem fallamus et ignominiae notam reipublicae inuramus.   6. Tum, ut erat natura iracundus, et impotens,
(or qua erat animi impotentia et iracundia), (or homo iracundus
et impotentissimus), legatos ad se adduci jubet; et tanquam
aspectus ipse (355, c) ardenti faces subjecisset (495), vocifera-
tus (or quum conclamasset) regem eorum contra quam et
pollicitus esset (446) et jurasset fecisse, in vincula trahi jussit.
Postero die, mitiorem se quam pro hesterni sermonis atroci-
tate praebuit, et rogata venia quod jus hospitii violasset
(484, b) ad epulas in posterum (326) diem, quasi nihil novi
aut inusitati fecisset, invitavit.   Audentius (339, iv.) illi, ut
492, v. b) in tali tempore, quam cautius responderunt.
7. Tum subditis equo calcaribus, ut erat semper pugnandi
cupidus (99), in medium se certamen immisit, quasi boni
imperatoris esset ferocius quam consultius rem gerere.
8. Quanto diutius (497, Obs.) trahetur (190, ii.) bellum,
tanto deteriores (82) nobis et iniquiores pacis conditiones
imponentur; nolite igitur mirari cur optimus quisque civis
pacem vehementissime suadeat (25).   9. Quo occultius (497, b)
est periculum, eo difficilius vitabitur, et inimicorum ut quisque
est ad malevolentiam dissimulandam (39, note) promptissimus,
ita formidolosissimus est futurus.   10. Et mihi quidem videbatur paulo (279) remissius, ut in tanta re, dicere, quasi
puderet eum vehementius commotiusque (64) quam vel pro
pristino statu, vel pro recenti casu, coram victore loqui.

1. Note *maximam* for "vast;" *vastam* would be quite inconsistent with
what follows. For tense of *superaverint*, see **525** ; the pluperfect would
be equally good Latin. 2. *Usque*, "right on," is rarely used in prose

by itself, but with prepositions of time or place, or in the phrases
usque eo, usque adeo ; see Latin Dictionary. 3 and 7. *Rem gerere* is a
military phrase for the more general *se gerere ;* cf. *res gestae.* 5. Notice
the Latin metaphor answering to our "brand." 6. Note carefully
the true meaning of *impotens* and *impotentia. Adduci :* beware of
using compounds of *fero* where *persons* are concerned.

EXERCISE 63.

1. Caesar cum inclinari jam rem et tempore utendum (391,
note) esse intellegeret, praemisso omni equitatu qui hostem
aversum aggrederetur, ipse cum reliquis militibus, qui prae
(332, 6) vulneribus ac lassitudine vix arma ferre poterant,
in adversos (61) invadere contendit. 2. Is erat frater tuus
qui omni honore dignus esset ; nemo enim, quem ego nossem
(507), huic civitati unquam praefuit, cujus merita tanta
(cf. 490, i.) fuerint quanta illius, aut qui tam modico laborum
fructu fuerit contentus. Quotusquisque (504) enim est
qui illius viri (255) similis (*or* talis qualis ille) aut fuerit,
aut futurus sit. 3. Hostium vero duces facile intellege-
bant majora se in recenti defectione ac seditione deliquisse
quam quibus ignosci posset.; iidem in tanta hac calamitate et
ferociores erant quam qui misericordiam orarent, et poten-
tiores quam qui impetrarent. 4. Non is ille est, quantum
hominem novi (507, *Obs.*), qui suum in disputando judicium
sequi dubitet (*modal*, 136), vel aliorum auctoritati obtemperare malit. 5. Quis usquam (16, *b*) tam ferreus est quem non
pudeat, ut inimicissimis placeret, amicos destituisse, et ut apud
veteres hostes gratiam iniret (*or* colligeret), patriam prodidisse.
6. Cum eo hoste bellum est gerendum, qui nullam habeat
neque foederis ullius neque indutiarum neque promissi neque
pacti rationem ; quem nisi in acie vicerimus, nihil erit quod
eum vel littoribus nostris arcere possit, vel a moenibus atque
domibus propulsare.

1. A metaphor from "the turn of the tide" would be scarcely intelli-
gible to an Italian reader, though most natural to an Englishman.

Exercise 64.

1. Tum nuntius, qui videret nullo se modo efficere posse
(200, and 125, *j*), ut leniter agendo* Hispanis persuaderet
(122, *b*) ne ultra procederent, id egit* ut denuntiando ac
deterrendo (25) idem efficeret. Copias enim, quae ultra
montes congregatae laterent (444), plures esse quam quae
(505, ii.) numerari possent ; et qui jam prope convenissent et
apparerent, veteranos esse milites, eosque (344) fortiores et exer-
citatiores, quam qui unius proelii primo impetu, id quod sperare
viderentur Hispani, fundi fugarique possent.   2. Quis vestrum est, qui quidem hoc conventu, hoc populo, dignus sit,
qui virorum illustrium eorumque veterum, etiam quos ipse
nunquam viderit, non tueatur magnique faciat memoriam ?
3. Sunt quae magis timeam ; illo enim absente, frater ejus,
qui apud istam factionem plus quam alius quisquam (358, ii.)
valet (*or* tantum quantum nemo alius, 490, i.), magis formidandus erit ; is dum vivet (190, ii.), num unquam perditis
civibus vexillum quo (508) concurrant defuturum putatis ?
4. Tum dimisso concilio, Indorum principes ad se adduci
jussit ; miseri, qui quid facturus esset nihil suspicarentur,
nihil timerent, accurrunt laeti ; nec quisquam eorum erat qui
vel libertati suae vel saluti metueret, nec qui quantum sibi
impenderet periculum, aut qualem hospitem conventurus (229)
esset sentiret.   Et ipse, quem nullius puderet perfidiae, nullius
paeniteret flagitii, fiducia benevolentiaque eorum quos pro-
diturus esset aliquantum commoveri (Ex. 46. 6) visus est.

1. For the place of *idem efficeret* and *fundi . . . possent*, see Intr. 91, a
principle to be borne in mind in translating any sentence. 3. *Vexillum*,
as a military metaphor, natural in the mouth of a Roman ; but not to
be used so freely as in English, *e.g.* in such a phrase as " he joined
the standard of the democratic party," a literal rendering would be out
of place.   Why ?—suitable rather for *oratory* than for plain narrative.

---

* Note the two different uses of *agere ;* neither equivalent to our "act."

Exercise 65, A.

1. Ecquem haec tolerare posse ? Num se tanto illo incepto desistere debere ? Satius fuisse in acie cum dignitate periisse, quam ejusmodi servitutem pati. 2. Ne igitur cunctarentur; paucos milites satis fore; nullos sibi alios esse socios, spem nullam usquam aliam. Quo se posse vertere (521), si illi se deserere cogitarent ? Quod si illi se salvos vellent, pellendas esse omnes disserendi argutias; properato non consulto opus esse (286). 3. Quid facerent ? quid vellent ? Num expectarent dum adessent hostes, dum clamores illorum audirent, viderent signa ? Etiam tum resisti posse, modo ne (439 *and note*) cunctarentur, neve (103) dubitarent. 4. Posse fieri ut ipse idem (236) quod ille erraverit. Quod si ita esset, se precari ut, quae praeterita essent, obliviscerentur et conjuncti reipublicae consulerent; ecquid usquam (16, *b*) esse, quod pluris facere deberent ? 5. Quid faceret (520) ? quo se verteret ? num obviam hosti ire juberent ? Libentissime se id facturum, si salva r. p. (424) fieri posset; quid vero stultius esse posset quam tirone exercitu cum veterano milite, viginti annorum proeliis exercitato, manus conserere. 6. Quot (225) essent ? unde venirent ? quid vellent, quid sperarent ? quando fore expectarent ut libertate frui, domum redire, liceret ? Posse fieri ut jam tum (518) adesset tempus, modo occasioni ne deessent, neque certam-en (*or* -ine, 398) differendo suae ipsorum causae nocerent. Quod si prius arma nollent sumere quam ipse illis opem ferre posset, et communem causam pessum daturos, et libertatem eam, quam viri fortes armis vindicare solerent, frustra desideraturos.

2. *Quod si illi se:* ambiguity here might be prevented by the use of a proper name for one or both of the pronouns.

EXERCISE 65, B.

Frustra igitur illos Hispanorum fidem implorare : nec quidquam interesse utrum cum eis qui defec-issent (-erint, 525) societatem inire vellent (inituri essent), an bellum denuntiare. Se neque amicitia (282, *Obs.*) illorum confisurum esse, neque inimicitiam reformidare.   Nam consiliis eorum atque insidiis quid contemptius esse posse (521)? qui (509) quinque illis annis (325, *Obs.*), ter socios destituerint (525), bis ad hostes velut transfugae se adjunxerint, nec, ne tum (518) quidem, prius legatos ad se, pacem, qua indignissimi essent, petitum ·misissent, quam compertum habuissent se, nisi adjuvantibus Hispanis illo periculo defuncti essent, certissimo exitio destinatos esse.   Ecquem ejusmodi sociis fidem habiturum fuisse? ejusmodi amicis ecquem in futurum gratiam habiturum? Vellentne (*or* Quod si vellent) illius periculi remedium ac perfugium reperire?   Domum redirent ; ab armis discederent ; urbium arciumque portas patefacerent ; regi, cui bellum nefarium tamdiu indictum haberent, totos se traderent ac permitterent.   Posse fieri ut ipse precibus illorum flecteretur ; legationum orationumque rationem habiturum nullam (Intr. 92).

EXERCISE 66, A.

1. Anno aetatis nonagesimo altero consulentibus (248) respondere potuit.   2. Hoc (*or* illud) primum quaero (*or* rogo), unde veneris, tum quo eas, deinde quamob-rem (*or* causam) armatus sis, postremum cur apud me.   3. Convenere ad fluminis ripam imperatores cum singulis interpretibus et militibus denis.   4. Dies unus, alter, tertius (529, *g*) intercesserant, nec tamen quidquam de pacis conditionibus convenerat.   5. (In) secundis rebus patrem tuum unum ex fortunatis hominibus (529, *f*) putabam esse, in his temporibus

unum eum ex summis viris et esse et semper fuisse arbitror.
6. Mediolani in urbe opulentissima et frequentissima unum
vel alterum (**529**, *g*) diem commoratus est; e centum millibus
civium ne unus quidem (**529**, *a*) ei servatae urbis et propul-
sati a moenibus hostis gratias egit, et haud scio an nemo
unus gratiam habuerit. 7. Infelicissime pugnatum est (*or*
clades maxima accepta est); nostri (*or* nostrorum) ad (**536**, *a*)
duo millia quingenti occisi sunt (cecidere); dimidio plures
(**535**, *d*) captos esse dicunt; e quattuor ducibus unum vel
alterum (**529**, *g*) desiderari. 8. Virum optimum amisimus;
si non sui generis unum praestantissimum, at tamen (**466**, *c*)
ex iis unum qui vix singuli singulis aetatibus nascuntur.
9. Binas a te hodie accepi literas, heri unas; ceteras
desidero; quanquam (**479**, *Obs.*) unum alterumve diem eas
expectavi, et semel atque iterum sciscitatum misi. 10. Unde-
vicesimus hic dies ab initio est obsidionis (*or* ab incepta
obsidione); praesidii praefectus singulis familiis binos imperat
(**247**) obsides, ne qua oppidanorum, qui plerique armati et
quam exercitus ejus duplo sunt plures (**535**), fiat seditio.

Exercise 66, B.

Annos natus (**327**) vix undeviginti, justis proeliis non
semel (*or* semel ac saepius) (*or* permultis) interfuerat, ter
hostem comminus interfecerat, et tum cum exercitu, dimidio
majore quam quantum ducebat ipse, congressurus erat. In
tanto tamen discrimine non dubitavit (*or* nec tamen in, *etc.*)
pedit-es (*or* -um) amplius mille quingentos mittere ad pro-
pulsandum a sociis Indorum incursionem, quanquam exercitus
sui duae partes (**535**) e tirone milite, tum primum pugnam
commissuro, constabat. Sed millies mori maluit quam hosti
barbaro tergum vertere, quem, si semel vicisset, omnibus
injuriis patriam suam affecturum esse, certo sciebat.

EXERCISE 67.

1. Diem te de die ex a. d. v. Nonas Martias ad a. d. iv. Idus Apriles expectamus (181). Metuimus ego et pater tuus ne quid secus acciderit.   2. Pater tuus Rhodo a nobis discessit pridie Idus Quintiles; et nausea videbatur laborare et suorum desiderio: nullas adhuc ab eo litteras accepimus, sed speramus domum eum ad pridie Idus Sextiles incolumem venturum esse. Postridie quam a nobis discessit, tribus ei ante diebus proficiscendum fuisse audivimus, si ad tempus domi esse vellet. 3. Abhinc sex menses pollicitus es te ex a. d. iii. Nonas Apriles ad a. d. xi. Kal. Maias domi meae (*or* apud me) fore. Spero te, quantum in te erit, fidem praestaturum fore; decimum hunc diem expectaris.   4. Quum deberet, pridie Kal. Septembres Romam ad patrem proficiscendo, fidem praestare, Neapoli in pulcherrima urbe plus viginti dies cunctari maluit: vix demum a. d. vii. Kal. Octobres domum pervenit; cujus rei, quum et spei suae et patris existimationi perniciosissima esset, ad extremum usque vitae diem eum poenituisse credo.

SUPPLEMENTARY EXERCISES.

No. 1.

1. Patri suo (5) ne turpissimus quidem hominum invidisset.
2. Heri Neapoli (9, *b*) rediit; cras ab Italia ad Hispaniam
profecturus est. 3. Nemo usquam (16, *b*) a vi tutior est;
nemo enim unquam reipublicae (16, *a*) tantum[1] consuluit (248).
4. Regnum (17) vi adeptus (14, *a*, and Intr. 43), brevi tamen
populo toti (civibus omnibus) carus factus est; neque[2] enim
quisquam minus sibi consuluit. 5. Quarto die (9, *a*) post
patris mortem rex factus, quinto a (8, *a*) militibus imperator
(7) salutatus est; sexto quum exercitum in hostium fines
duxisset, suo (11, *c*) gladio, dum (180) equum conscendit,
vulneratus est. 6. Nemo unquam praeclarior fuit, nemo ad
(6) majorem dignitatem pervenit, vix quisquam tantas
divitias adeptus est; paucis tamen carus, multis odio fuit
(260, *Obs.* 2), nec quisquam unquam plus civitati nocuit.
7. Tibi a nullo paretur (5), pater tuus populo maximo
imperabat (184). 8. Facto isti nunquam a civibus tuis
ignoscetur, *or* Factum istud nunquam condonabunt cives tui
(247).

No. 2.

1. Tres vos dies (9, *a*) expectavimus (22, 23), adventumque
vestrum frustra speravimus: quarto die Indi, qui castra nostra
obsidebant (Intr. 24), dilapsi abierunt: quae res diutino nos

---

[1] Why not *tanto?*—(279), caution.
[2] *Non enim* is but rarely used (see **541**, *Obs.*).

metu ac (p. 14, *note*) sollicitudine (264) liberavit. 2. Vos
(11, *a, b*) libertatem desideratis, et pro patria, pro (Intr. 20)
aris atque focis pugnaturi estis ; hi pacem (22) optant, et belli
(10) molestias laboresque pertimescunt. Vos in honore habeo,
illos contemno. 3. Crescunt (20, 21, *c*) quotidie (238, *c*)
(in dies) divitiae tuae ; sed neque otium tuum augent, neque
vel beatam tibi vitam (347, *note*) vel securitatem (19) afferunt.
4. Patria tua quae olim multis populis imperabat (25 *and* 244, *c*)
nunc a turpissimis (19) hostibus, quos nuper et contemnebat
et oderat, crudelissime vexatur (19). 5. Militum adventum
quos heri arcessivi (22) frustra expecto ; crescunt in dies
hostium copiae, et mox de pace desperabimus. 6. Bello
cruento ac diutino patriam liberavimus, hostem superbissimum
a moenibus propulsavimus : nunc pacem optamus. 7. Quum
in mediam pugnam processisset, vulnus mortiferum (19)
accepit ; moriens (410, *and* 406, *note*) suorum calamitatem,
hostium victoriam, praedixit.

No. 3.

1. Et tu (p. 47, *note*) et frater tuus tum temporis (294, *Obs.*)
exulabatis ; ego et pater meus domi (312) eramus, inimicissi-
morum hominum irae ac crudelitati objecti (253, ii.) ; neminem
unquam vel dictis vel factis irritaveramus ; multa (53) tamen
perpessi sumus, libertatemque ac salutem multum diuque
desideravimus ;[1] jam vero et nos et tu tuti sumus securique,
nec quisquam (100) jam (328, *a*) nos vel damno afficiet (283)
vel injuria. 2. Externae[2] gentis saevissima dominatione
liberati, eis pepercimus qui patriam nostram crudelissime

---

[1] Notice carefully the precise sense of *desiderare, securus, injuria.*
It is always well to commit to memory a line of Virgil or Horace in
illustration.

[2] *Externae :* why not *alienae ?* (see Latin Dictionary.) *Dominatione :*
avoid Greek word *tyrannis.*

vexaverant, eis ignovimus qui in communi (*or* reipublicae) calamitate, neglecta reipublicae salute, sibi consulebant (consultum volebant, **240**, *Obs.* 1). Sed neque ego diutius (**328**, *a*) neque tu istorum hominum delictis veniam dare volemus, nec eos audire qui, dignitatem ac divitias turpissimis artibus consecuti, pacis nobis inhonestissimae (**57**, *a*) auctores[1] sunt ac suasores.

No. 4.

1. Et me, respondit ille (**11**, *d*), et te ruri (**312**) esse apud fratrem tuum, sed Neapolim (**9**, *b*) Kal. Sextilibus (**538**) redituros esse. Credo eum multum (**236, 238**) erravisse, nec id consulto, sed fortuito ac casu (**268**, *Obs.*) ; neque enim[2] amicum eum atque (p. 14, *note*) hospitem decipere conaturum fuisse (**36**) puto, sed manifestum est nos frustra et a patre tuo et a propinquis meis expectatum iri (**193, iv.**). 2. Mutata (**20, 21**, *a*) jam tempestate, multitudinem quae mane convenerat brevi dilapsuram esse cognovit; sperabat (**183**) igitur se domo (**9**, *b*) excedere ante noctem posse, et ad castra nostra tuto pervenire ; quo quum pervenisset, Caesarem convenire (**229**) voluit, cui se adjungere[3] jam diu simulabat (**181**), et a quo salutem auxiliumque impetrare volebat. Illius enim opera (**267**, *Obs.*) fore speravit ut ipse (ad) summam in civitate sua dignitatem, et (ad) summum magistratum consequeretur.

---

[1] Note the phrase *auctor sum*, with genitive.

[2] This sentence is ambiguous (see **216**, *Obs.*), and though the context might make it clear, it would be better thus : *Neque enim ei in animo fuisse credo ut* . . . or *neque enim id eum acturum fuisse credo ut* . . . *deciperet.*

[3] Verbs of this class (**253**, ii.) and others, which employ the reflexive pronoun *se* (or *me, te,* etc.) as their *object,* do not require the *se* (*me, te*) to be inserted as their *subject* after *spero, simulo,* etc.

No. 5.

1. Jam vero mihi nuntiatum est (46, *a*) fratrem meum
jaculo ictum et multis vulneribus confectum, neque in equo
haerere jam (328, *a*) posse, neque suos (349, *Obs.*) contra
hostem ducere. Qua re audita (78) graviter sum commotus,
neque enim ad eum contendere, id quod (67, *Obs.*) facere
volebam (183), potui, neque sperabam fore ut (38) ille (11, *d*)
hostem diutius continere posset. Videbantur (43) praeterea
milites, qui mecum erant, animis (animo, *of one person*) deficere,
et dicebantur hostes magna ante noctem subsidia expectare, et
mox ultro arma esse illaturi. Decrevi (45) igitur uno impetu
rem conficere conari. 2. Fratrem tuum humanissimo (271)
hominem ingenio esse, et divitiis opibusque (284) abundare
dixit, et pro certo se habere neque amicis eum unquam
defuturum esse, neque tanta calamitate propinquos suos affici
velle. 3. Videtur eo anno consul fieri (45) statuisse, sed
simulare otium se ac tranquillitatem desiderare. 4. Desperare
se nolle respondit, sed exulare malle quam servus esse (42, ii.).

Instances of modal verbs in this exercise are *posse, volebam, decrevi,
conari, statuisse, nolle, malle;* even *videbantur* and *dicebantur,* as *being
joined closely with the infinitive,* come under the same class.

No. 6.

1. De rebus praeteritis (52) perpauca locutus est, de futuris
magna sperabat (54) ; sensit enim se in hac causa cum multis
optimisque hominibus pugnare, et tacere maluit quam ab his
dissentire et cum inimicis suis ac reipublicae hostibus
consentire. Quem quidem erravisse neque ego possum
existimare neque tu ; scimus enim prudentiam ejus, probitatem ac fortitudinem, omni laude (285) dignas fuisse.
2. Litteras se ad me Idibus Martiis (538) missurum esse (37)

pollicitus est, aliaque multa et (56) pulchra simulabat (54), sed neque promissis suis stetit, neque jam (Intr. 56, *a,* and **328,** *a*) dissimulare audet fidem se consulto fefellisse. 3. Minari illum dicunt (44) omnes se honores, quos ego a Senatu Populoque Romano consecutus sum, mihi (243) adempturum esse ; quod (78) equidem consilium vix eum perfecturum esse puto. 4. Malle se respondit legibus iniquissimis (5) parere quam cum bonis civibus pugnare, et a prudentissimo quoque (375) dissentire. 5. Illud (341) quidem vix sperare audemus, fratrem tuum Romam (9, *b*) rediturum esse, et majorum praeclarissima facta imitaturum, sed omnes ejus aequales (51, *a*) spondere possunt nunquam eum aut amicis defuturum esse, aut fidem falsurum, aut patriae se hostibus adjuncturum (20).

No. 7.

1. Invitos (61) huc vos venisse manifestum est (64), et amicorum adventum diutius vos expectaturos esse negatis (33), quos in castris nostris parum tutos fore creditis. Equidem de rebus praeteritis nihil me dicturum esse saepissime (56, *or* semel ac saepius, **533,** *c*) pollicitus sum, et decrevi vobis ignoscere, illis parcere (45). Illud (341) vero expectare videmini (43), victorem (63) me fidem falsurum esse, et in vobis (332, 5, *e*) atque in illis summa esse perfidia (281) usurum. Scio equidem vix posse vos vera (53) me dicere credere, et de vestra ac liberorum (290) salute tacitos desperare. Sed quid (54) ego unquam mentitus sum ? quando (157, ii.) unquam fidem fefelli ? 2. Regem ipsum dicunt e toto exercitu unum (529, *b*) funestas paludes incolumem praetervectum esse, et primum (62) ad imos montes (60) pervenisse, unde postero die maestus (61) invitusque copias reduxit, neque unquam postea tanta (54) sperare aut tanta moliri ausus est. Videbatur

enim, sicut primus optima sperare, ita primus (ab) incepto
(**264**) desistere ; quippe maluit levis timidusque (**42**, ii.) videri
quam reipublicae calamitatem ac perniciem inferre (**253**, ii.).

No. 8.

1. Ego (*not necessary, but see* **334**, i.) quum per imam vallem
iter facerem (**429**, *or* dum . . . facio, **180**), in latronum
insidias imprudens (**61**) incidi. Adventum meum ei qui me
ceperunt (**76**) jamdiu expectare (**181**) videbantur, et quum
(**14**, *b*) prehensum (**15**) et catenis constrictum in proximam
silvam de via traxissent (**429**), cruciatus mihi ac mortem
semel ac saepius minitabantur (**184**). Tandem quum magnum
auri pondus intra quattuor dies (*or* diem quartum, **325**) me
missurum (esse) pollicitus essem, excussis catenis liberatus
sum, et cum duobus custodibus armatis, eo unde (**89**) profectus
eram redii. 2. Jam destitisse se dixit multa sperare, amicos
enim se, quos optimos (**69**) haberet (**77**), amisisse, et cum iis
esse victurum qui semper sibi inimicissimi fuissent, a quibus
et accusatus absens et condemnatus fuisset, et qui vitae suae
inviti pepercissent. 3. Eos qui te accusant (**76** *and* **175**) cras
ad urbem perventuros esse expecto ; spero te omnium
sententis absolutum iri. 4. Qui olim corporis (**59**) dolores
parvi (**305**) faciebas (**184**), nunc iis (**8**, *a*) deterreri videris.
Invitus haec de tanti viri filio dico. 5. Res alienas te parvi
facere manifestum est (**64**) ; civium existimationem spero te
magni aestimaturum.

No. 9.

1. Hunc regem, laboribus exercitatum et adversam fortunam
(*or* fortunae vim) aequo animo (patienter) ferre solitum, satis

constat (**46**, *c*) inter rerum scriptores, qualem (**85**) in prosperis rebus talem se in casibus ac calamitatibus praestitisse (**241**). Nam et primus laboranti civitati succurrit, et de devicta afflictaque patria ultimus desperavit. Exulare vero senex (**63**) maluit, quam domi tutus (**42**, ii.) vivere, et ei (**72**) parere, qui multa ei pollicitus erat, et quem ceteri fere omnes fidem esse praestiturum credebant. 2. Aliud (**92**) est gratias agere, habere gratiam aliud. Ego sicut omnium ultimus credidi fidem te, probitatem, civium existimationem, nihili habiturum fuisse (**36** *and* **193**, v.), ita hodie existimare nolo talem te extitisse (**241**) qualem ceteri te esse dictitant, et negantibus (**33**) te eundem esse quem olim putabam invitus concedo.

No. 10.

Rex postero die, ne milites, diutino atque[1] ancipiti proelio confectos, longo itinere fatigaret, suos intra munimenta continuit.   Hostes, interea, arcessitis subsidiis, nostrorum impetum expectabant, ut nequaquam pugnandi esse cupidi viderentur.   Post meridiem Rex, quum suorum et vires et animos adeo esse redintegratos videret, ut nullum jam periculum detrectaturi essent (**114**) et ad pugnandum parati starent, duobus patefactis portis et facta subito eruptione, imprudentes hostes et nihil ejusmodi expectantes oppressit. Multos (*or* complures) circumventos occidunt nostri, et tanta fuit caedes ut ex amplius tribus millibus vix quingenti integri effugerint, et nisi nox intervenisset, ne hi quidem superfuturi fuerint (**115**).   Tantum denique commutata est fortuna, ut qui paulo ante victuri erant, ei (**75**) jam dilapsi noctem ac tenebras optarent, et qui modo desperata salute mortem vel servitutem expectabant, victoria ac libertate exultarent.

---

[1] *Not only* long, but *also* doubtful, p. 14, *note*.

No. 11.

Tum arcessitos principes (15 *and* 406, ii.) ne propter tam
gravem casum demitterent animos hortatus est. Adesse
hostem, a se illos fuisse monitos (216, *Obs.*), sed nullo modo fieri
potuisse ut iis persuaderetur (5 *and* 217) ne vanis rumoribus
et fictis nuntiis fidem haberent. At Indi magno opere orare
ut tantum hunc (88, *Obs.*) errorem sibi condonaret (247);
effecere (125, *j*) tandem precibus lacrimisque ut ei persuaderent,
nunquam se postea commissuros (122, *b*) ut tam facile circum-
venti caperentur. Dum haec inter se colloquuntur, accidit ut
captivus quidam ad Cortesium duceretur, qui se unum e regiis
satellitibus esse profitebatur. Quem dux quum excussis
catenis liberari jussisset, ad regem cum (8, *b*) litteris remisit.
Hoc eo consilio fecit ut indutias cupere videretur; tantum vero
abfuit ut quidquam ejusmodi vellet, ut quaslibet conditiones
repudiaturus esset, et belli fortunam iterum (533, *c*) periclitari
mallet quam a rege pacem vel[1] honestissimam accipere.

No. 12.

Vereor ut (138) hae ad te litterae trans hostium munimenta
perferantur. Nos hic totum jam mensem circumsedemur, nec
facere possum quin de summa re desperare incipiam. Hostium
enim tanta est multitudo quantam nunquam convenire posse
putaveramus (108), et viis omnibus (420, i.) interclusis nulli
possunt supportari commeatus, vix ullae ad nos perferuntur
litterae, ut vix dubitari possit quin in summo periculo
versemur. Tu igitur ne dubitaveris ad Imperatorem scribere
122, *c*) ut opem nobis ferre contendat, et cave ne committas

---

[1] Notice this *intensive* sense of *vel;* " any other peace, *or, i.e. even,* the
most honourable ;" compare the elliptical use of *an* (161).

ut me putes eo haec consilio (107) scribere, ut nostrae salutis causa a magnis eum consiliis avocatum huc adducam.[1] Quippe vereor ne hic victor hostis illi quoque brevi formidandus fiat, nec nos opprimi posse puto ut non alios in eandem calamitatem trahamus.

No. 13.

Caesarem vero utrum nefarie necatum,[2] an jure caesum dicamus ? Nam aut[3] hoc aut illud verum esse certissimum est. Tu igitur utrumvis[4] fac eligas ; sed cave modo hoc modo illud dicas, neve Brutum hodie pro bono cive habueris, eundem (366, ii.) cras pro sicario. Suorumne scelerum Caesar persolvit poenas ? Negas. Ei igitur qui illum occiderunt vel in exilium pellantur, vel more majorum in eos animadvertatur. An tum verum dixit Brutus, quum cruentum alte attollens pugionem, recuperatam aliquando esse reipublicae libertatem exclamavit ? verum dixisse respondes. Cur igitur eum maledictis oneras cui uni (529, *b*) libertatem tuam acceptam refers ? An putas id quod fecit Brutus et per se rectum fuisse, et reipublicae utile, ipsum vero nefarie fecisse, et vel exilio vel vinculis vel morte multandum esse ? Equidem rem tam subtilem tractare (*or* attingere) nolo ; viderint sapientes.

No. 14.

1. Rex, vocatis ad se legatis, quale sit (174) ac quantum periculum, quot essent hostes, quantas haberent opes, quid

---

[1] Why not *afferam* ?—*fero* would never be used of a living person, unless actually carried. A corpse *effertur* ad sepulcrum.

[2] Note the precise senses of *necare* (*caedere*, general word " to strike down," limited in prose to certain phrases) and *occidere*.

[3] Cf. the *aut* here with *vel* in last line, and see p. 14, *note*.

[4] Cf. quidvis, " *any* you please " of an indefinite number (359).

F

agerent, sperarent, molirentur, exposuit. Equidem, inquit, (40) ea quae vere sentio, dicam, neque illud dissimulare volo nullo modo me dubitare quin et ego et vos omnes in summo hodie periculo versemur. Scio enim difficile esse dictu utrum ea quae expectamus subsidia ad nos perventura unquam sint, an nos tantae hujus multitudinis obruti (oppressi) telis prius simus perituri. Sed sive victuri sumus sive morituri, hoc saltem pro certo habere ausim, neminem nostrum commissurum esse ut illud parvi faciat, utrum cives nostri mortuis (61) nobis gratiam sint habituri, an vivos contempturi, ut de una solum re deliberandum sit, quid faciendo (398) quid perferendo de communi patria optime simus merituri. Potest quidem fieri ut hic manendo, his moenibus tecti ac conservati, saluti nostrae optime consulere possimus ; quod consilium nescio an tutius sit ; sed nonnunquam accidit ut audacissima quaeque consilia sint tutissima, et ita hodie eventurum esse spero me vobis persuasurum esse.

No. 15.

1. Cur (quamobrem, p. 131, *note*) tibi invideatur nemo est quin (80) sciat. 2. Num (167) uni cuiquam[1] hosti unquam pepercisses, interrogavit. 3. Sperare se dixit (32) rem contra quam expectavisset eventuram esse. 4. Nonne inde venisti unde ego ? 5. Ad summum (60) montem primus (62) pervenit, descendit ultimus (Intr. 107). 6. Multa (54) tacitus (61) cogitabat. 7. Negavit (33) se jam talem esse, qualis olim fuisset (93). 8. Quot adstarent (77) homines, tot fuisse sententias respondit (85). 9. Primus post hominum memoriam (59) hoc ausus fuisse (54) videris (43). 10. Has res se constituturum esse pollicitus (14) conticuit. 11. Terras multas,

---

[1] *Unus quisquam* in (virtually) negative clauses corresponds to *unus aliquis* in positive (380).

maria multa (**49**), juvenis perlustravi, senex (**63**) domi (**312**) maneo. 12. Domum (**9**) cum telo (**8**, *b*) venit patrem tuum interfecturus; opportune accidit ut nemo (**109**) domi esset. 13. Gratias agere invitus (**43**) videbatur: sed gratiam eum habere (**98**, *b*) certissimum est. 14. Gratiam mihi te debere nemo est quin sciat; relaturum esse gratiam nemo credit. 15. Qui olim te defendi, is hodie accuso (**75**). 16. Adeo adstantium clamore perterritus est, ut interrogantibus (**73**) respondere vix posset[1] (*or* potuerit, **113**). 17. Et ego et tu (p. 47, *note*) amicum optimum amisimus, quem in hac vita (**16**, *b*) nunquam posthac[2] visuri (**14**, *c*) sumus. 18. Mundum (**16**) casu factum esse, neque ego crediturus sum neque tu (p. 47, *note*). 19. Utrum te (**46**, *d*) amicum esse mihi, an (**159**) inimicum, velis nescio. 20. Hoc eo consilio (**107**) feci, ut tibi placerem, magnopere igitur te ne irascaris rogo (**118**). 21. Ad me scripsit ne urbe exirem, sed casu accidit ut jam profectus essem. 22. Num eum deterriturus sim quominus amicis suis noceat, nescio. 23. Vereor ne urbem amiserimus; reliquum est ut videamus (**125**, *g*) num eam (**167**) recipere possimus. 24. Abhinc tres menses urbs Veii a copiis Romanis (**58**) circumsessa est; jam diu obsidetur, brevi oppugnabitur, et periculum aiunt esse ne expugnetur. 25. Jam mutabatur (**21**) tempestas, et vim ventorum reformidabant nautae. 26. Cras otiosus (**45**) esse tacitus decrevi, sed haud scio an hoc fieri non possit. 27. Ex eo (p. 157, *note*) quaesivi primum, num nefarium illud facinus commisisset; commisisse se respondit; deinde (**534**, *Obs.*) cur id fecisset; tum, quando (**157**, ii.), postremum, quo telo. 28. Ad suos conversus (**20**),

---

[1] *Posset* is descriptive and continuous. He was, *at* that and *for* some time, unable. *Potuerit*, historical, simply states the fact (**183**).

[2] *Posthac* with present, *postea* with other tenses, constantly answer to the English "again" with negatives and their equivalents.

quando domum redituri essent quaesivit.   29. Quin felix
(347), iste sit dubitari non potest (64); beatum esse dictitan-
tibus[1] totus dissentio (61); aliud est beatum esse (98, *b*)
felicem aliud.   30. Postero die cum suis (349) profectus, in
insidias imprudens incidit; peropportune accidit ut ego ei
auxilio (260, i.) venerim, et hostes aversos aggressus sim.
31. Et tibi (p. 47, *n.*) et illi persuasum fuisse manifestum est,
ut vos decipientibus (73) crederetis.   32. Vereor ut eadem jam
senex, quae juvenis, sentiat (84).   33. Quaeris a me num qualis
sit (93) frater ejus, talis sit ipse (355, *Obs.* i.); invitus nego
(162).   34. Vehementer eum obsecratus sum ut patrem
moneret ne isti (338) fidem haberet.   35. Quum eum mihi
credere nolle intellegerem (429), instare ut mecum iret destiti.[3]
36. Fac ad me Romam venias, ut ambo Caesarem conveniamus.
37. Tam timidus fuit, tam abjectus, ut neminem (109) me
ejus similem vidisse credam.   38. Tamdiu hic sum commoratus
ut nunquam me abiturum esse credere incipiam.   39. Tam
carus fuit amicis ut absentem desiderare, praesentem admirari,
nunquam desisterent.   40. Quid facerem? quo me verterem
(150 and 20)?   Vellem mihi adstares (149, i.), sed et tu
(p. 47, *note*) et amici mei aberatis.   41. Haec omnia enarrare
longum est (153), sed e rebus gestis (55) ejus unam non facere
possum quin laudem.   42. Nolitote (140, *n.*), judices, talem
me esse credere qualem hic me esse dictitat.   43. Magni
refert, utrum ab eis (72) qui poenis digni sint (447, *Obs.*), an
ab innocentibus poenas sumatis.   44. Utrum me morti (*or*
neci) destinaveris necne nescio, nec magni (310, iii.) refert.
45. Nonne illud (341) intellegis nullo modo posse fieri (125, *f*),
ut populi jura ac libertas impune a te violentur.   46. Quae-

---

[1] *Dictitare* is often used for to " pretend," in the sense of " assert,"
i.e. to say something of questionable truth.

[2] Beware of *cessavi.*

renti mihi num a me (**233**) fraterni sceleris rationem reposcere vellet, velle se respondit (**162**). 47. Quaesivit ex me num eis opem ferre vellem, qui vexatam afflictamque patriam liber-are conarentur (**77**, *Obs.*). 48. Ea secuta est caedes cujus similem nunquam antea videram; tanta atque talis, ut quae spectabam (*or* spectarem **447**, *Obs.*) vix in animum revocare audeam. 49. Haec eo consilio locutus sum ut illi persuadeam (**122**, *b.*) ut tibi ignoscat, (*or* persuaderem . . . ignosceret, **105** and *note*); utrum id facturus sit necne incertum est. 50. Effecit ut regi persuaderet ut hunc tantum errorem sibi con-donaret. 51. Persaepe mihi contigit ut multorum scelerum in suspicionem venirem; absens et indicta causa (**425**) con-demnatus sum nunquam (Intr. 92). 52. Potest fieri (**64**) ut cives tui, externa[1] dominatione (**264**) liberati, tibi (*or* ad te) imperium delaturi sint; illud dubitant num id accepturus sis. 53. Negavit (**33**) se unquam rempublicam attigisse, vel id egisse ut ad honores ullos (**358**) perveniret, vel dignitatem aut divitias adipisceretur (**19**). 54. Victorem te esse et felicissimum video (**32**), beatum esse non concedo. 55. Potui de horum hominum turpitudine multo (**279**) plura dicere (**196**, *Obs.*), sed nolo vel longus (**42**, ii.) vel vobis molestus esse. 56. Lenitate mea ac clementia semel ac saepius (**533**, *c*) abusus est; absentem (**61**), maledictis me ac contumeliis oneravit. 57. Nostri milites vereor ne tam exercitatae multitudinis impetum sustinere nequiverint. 58. Ter cum exercitu tirone (**349**, *Obs.*) contra hostem progressus est; ter pedem rettulit; milites tandem dilapsi sunt ac diversi fugere (**371**, *caution*). 59. Tandem ei persuasum est ut innocentibus (**5**) et inermibus parceretur; sed diu id facere noluit. 60. Ad summam gloriam juvenis pervenit (**19**), ignominia senex immerito notatus est. 61. Ab eis qui amicos se esse simulabant circum-

---

[1] *Alienus* is not "foreign," but "belonging to another."

ventus deceptusque, jam eis qui ei consultum volebant (**240,**
Obs.) fidem habere nequibat. 62. Paene incredibile (dictu)
est (**166**), quam raro mihi contigerit ut talem hominem tamque
praeclarum viderem. 63. Cavete ne liberi esse recusetis; id
faciant timidi et qui mortem reformidant. 64. Quemadmodum
interierit nunquam audivi; mortuum esse nemo est quin sciat.
65. Quum senex domum rediisset, multis civibus eisque optimis
(**56**) carus factus est. 66. Tantum abest (**124**) ut eum oderim,
ut ab inimicissimis ejus defensum velim (**240**, *Obs.*). 67.
Nunquam fratrem tuum videre potui, quin patris vestri vultum
in animum revocarem. 68. Facere non possum quin mirer
(**165**) quam ob causam huc veneris. 69. Quam ob causam
haec (**54**) mentitus esset, nemini unquam se confessurum esse
juravit. 70. Paene incredibile est (**166**) quam saepe sit
monitus ne quid (**109**) hujusmodi faceret. 71. Adeo stultus
fui, ut mihi paene persuasum fuerit (**106**) ut eo, unde profectus
eram, reverterer. 72. Nemo usquam potuit prudentius, nemo
liberius, dicere (**196**, *Obs.*). 73. Ea quae fecisti potest fieri ut
secundum leges (*not* legem, "*a law*,") sint, num e republica
sint vehementer dubito. 74. Hujusmodi hominem num putas
inhiberi posse quin vi utatur. 75. Rectum esse hoc atque
honestum scio; utile. sit necne (**168**), viderint sapientiores.
76. Civem te esse Romanum simulas (*or* fingis); equidem
facere non possum quin non modo peregrinum, sed unum te e
militibus Carthaginiensibus, esse suspicer. 77. Dubitari non
potest quin reipublicae nocuerit; utrum casu hoc fecerit an
consulto, ipse viderit. 78. Quid peteres (*or* ageres) ultimus
intellexi; primus tibi id petenti obstabo. 79. Tum milites
suum ipsorum ducem ad supplicium trahere jussit; inviti illi
("*on their part*," **11**, *d*) ac moesti regi paruerunt. 80. Vos
adverso hosti obviam ite; ego in aversum et incautum impetum
faciam. 81. Tellurem circa solem moveri (**21**, *a*), nemo hodie
est quin sciat; quid (**48**, *d*) sit sol, et quale, et quantum,

quaerunt philosophi. 82. Ut tu mihi consulturus esses
nunquam veritus sum; illud erat periculum ne mutaretur
(**21**, *a*) fortuna. 83. Fratris tui adeo mutatus fuit vultus, ut
vix scirem eundem esse hominem quem juvenis noram (*or*
nossem, **447**). 84. Cras pugnaturi sumus; tu, si poteris, fac
certamini ˙intersis. 85. Quid facerem? quid dicerem? quo
me verterem? subveniebat nemo; omnes me insanire videbantur credere. 86. Omnium sententiis absolutus est, idem
ab omnibus condemnatus. 87. Pater tuus domo sua exire
noluit; qui utinam (hic) hodie adesset. 88. Cras puto
tempestatem mutatum iri; tu igitur fac hodie fretum trajicias.
89. Hujusmodi domino ne diutius pareamus; millies mori
praestat, quam hanc tantam ignominiam perpeti. 90. Flentium
plorantiumque vocibus tota urbs personabat (**184**); meminem
crederes esse quin vel parentem vel pueros amisisset.
91. Tanto opere me ut inermibus parcerem obsecratus est, ut
oranti non diutius resistere potuerim (**113**). 92. Quam rem
cum mecum communicasset, a quodam fratris mei inimico
caverem monuit. 93. Cui hoc monenti nihil me mihi metuere
respondi, sed (amicorum) meorum saluti prospicere cupere.
94. Certior sum factus, inquit, per exploratores meos te jamdiu
hostibus frumentum suppeditare. 95. Vincula nobis ac mortem
denuntiare videris: melius haud scio an fuerit saluti tuae
prospicere. 96. Totam hanc rem tibi permisisse (**128**) dicitur;
cui haud scio an nimis confisus fuerit. 97. Abhinc tres dies
quando (**157**, ii.) huc venturus esses rogavi; nemo scire
videbatur (**183**). 98. Patri tuo (*or* pater tuus) accidit eo die
ut abesset; intra diem septimum rediturum se sperabat.
99. In naturae cognitione (*not* studio) filius tuus multum
profecit, in eis rebus qnae ad litteras spectant nescio an multi
eum aequalium superaverint. 100. Utrum tum temporis in
republica versari, an litteris dare operam, maluerit incertum
est.

7285034R00058

Printed in Great Britain
by Amazon.co.uk, Ltd.,
Marston Gate.